R.E.I. Editions

1

Tutti i nostri ebook possono essere letti sui seguenti dispositivi:
- Computer
- eReader
- iOS
- Android
- Blackberry
- Windows
- Tablet
- Cellulare

Degregori & Partners

I Fondi Comuni d'Investimento

Quaderni di Finanza 6

ISBN 978-2-37297-2970
Disponibile anche in formato Ebook - ISBN: 978-2-37297-3847

Pubblicazione: settembre 2016
Nuova edizione aggiornata gennaio 2022
Copyright © 2016 - 2022 R.E.I. Editions
www.rei-editions.com

Le informazioni sui prodotti finanziari e i commenti ai mercati espressi in questo volume non rappresentano in alcun modo una raccomandazione all'acquisto o alla vendita di titoli. Nessuna informazione contenuta nel presente testo costituisce o deve essere interpretata come un consiglio di investimento, legale o fiscale: una consulenza professionale e specifica è sempre indispensabile prima di prendere qualsiasi decisione di investimento.

I Quaderni di Finanza hanno lo scopo di promuovere la diffusione dell'informazione e della riflessione economico-finanziaria sui temi relativi ai mercati mobiliari nazionali e internazionali e alla loro regolamentazione.

Piano dell'opera

Degregori & Partners

I Fondi Comuni d'Investimento

Quaderni di Finanza (6)

R.E.I. Editions

Indice

I Fondi Comuni d'Investimento

I fondi comuni di investimento sono strumenti finanziari (Organismi di Investimento Collettivo del Risparmio, OICR) che raccolgono il denaro di risparmiatori che affidano la gestione dei propri risparmi a una società di gestione del risparmio (SGR) con personalità giuridica e capitale distinti da quelli del fondo.In Italia i fondi comuni sono stati istituiti con la Legge n° 77 del 1983.La legge n. 77 del 23 marzo 1983 ("Istituzione dei fondi comuni d'investimento mobiliare") disciplinò un fenomeno che, di fatto, aveva avuto la sua prima, timida apparizione nel nostro Paese (attraverso i fondi atipici e quelli di diritto lussemburghese) e favorì l'accesso di larghe masse di risparmiatori alla proprietà azionaria, contribuendo a determinare un consistente aumento della numerosità e dei settori di appartenenza dei titoli quotati alla borsa valori. Essa sanciva l'esclusività dell'oggetto sociale delle società di gestione, limitandolo al fondo comune di investimento mobiliare aperto e creava un nesso inscindibile tra tipo di gestore e tipo di prodotto (fondo) che è stato completamente superato solo dal Testo Unico della finanza. In seguito, i decreti legislativi n. 83 e n. 84 del 25 gennaio 1992 hanno recepito con notevole ritardo le Direttive Comunitarie n. 611/85 e 220/88, emanate per armonizzare la disciplina che regola gli organismi di investimento collettivo in valori mobiliari (OICVM) negli Stati membri. La società di gestione, che assume la forma di società per azioni, può essere autorizzata a gestire più fondi (rimuovendo, anche se nell'ambito di un regime autorizzatorio e di deroga al principio generale dell'esclusività, il divieto preesistente).

In particolare, il decreto lgs. n. 84/92 allargava i confini delle possibili scelte d'investimento, istituendo le SICAV, un istituto completamente nuovo per il nostro ordinamento, che consentiva agli investitori di diventare azionisti della società di gestione e non più semplicemente partecipanti al patrimonio di un fondo dotato di autonomia giuridica rispetto alla stessa.

Con la legge n. 1 del 2/01/1991 veniva istituita una nuova figura di intermediario, quella delle società di intermediazione mobiliare (SIM) alle quali era riservata l'attività di intermediazione mobiliare. Nel novero delle attività di intermediazione mobiliare era compresa la gestione individuale di patrimoni mobiliari (art. 1 - comma 1 - lettera c) ma non quella collettiva, che resta quindi appannaggio esclusivo delle società di gestione di fondi comuni e delle SICAV.

Intensa (quanto disorganica) la produzione normativa nella prima metà degli anni '90:

- Con D. Lgs. 21 aprile 1993 n. 124, modificato dalla Legge 8 agosto 1995, n. 335 sono stati introdotti i fondi pensione.
- Con legge n. 344 del 14 agosto 1993 sono stati istituiti i fondi comuni di investimento mobiliari chiusi, per le cui norme di attuazione si sono dovuti attendere quattro anni.
- La legge 25 gennaio 1994 n. 86 ha disciplinato i fondi immobiliari chiusi.
- Il decreto legislativo 17 marzo 1995 n. 174 ha ridefinito la disciplina dell'esercizio dell'attività assicurativa ramo vita secondo i principi della direttiva comunitaria n. 96 del 1992 (terza direttiva comunitaria in materia di assicurazione diretta sulla vita).

Il decreto legislativo n. 415, emanato il 23 luglio 1996, ha recepito le direttive comunitarie n. 22/93 (relativa ai servizi di investimento nel settore dei valori mobiliari) e n. 6/93 (in materia di adeguatezza patrimoniale delle imprese di investimento e delle banche) ponendo le basi per l'avvio del mercato unico europeo dei servizi di investimento. Per rendere più agevole l'adeguamento della normativa a un sistema finanziario in rapida evoluzione, il decreto ha previsto un ampio ricorso alla tecnica della delegificazione, attraverso un disegno organizzativo dei mercati articolato in previsioni legislative e atti regolamentari ed ha introdotto un modello privatistico dei mercati regolamentati in un'ottica di riduzione del costo sociale dei controlli. In attuazione degli artt. 25 e 18 la Consob ha emanato il regolamento sulla prestazione dei servizi di investimento e dei servizi accessori (deliberazione n. 10943 del 30/09/1997) che introduce delle importanti innovazioni alla disciplina della gestione di portafoglio tra le quali va segnalata la rendicontazione del rendimento della gestione ad un parametro oggettivo di riferimento (art. 15).

Il decreto legislativo n. 58 del 24/02/1998 (TUIF) segna un punto di svolta nel riassetto della disciplina dei servizi di investimento e degli intermediari, dei mercati e, nella parte societaria, della disciplina dell'appello al pubblico risparmio, delle società quotate sui mercati regolamentati e dell'insider trading, attraverso tre linee di intervento:

- Un quadro normativo più snello con maggiore affidamento sull'autoregolamentazione e minor peso degli oneri di natura amministrativa a carico degli intermediari, con una tendenziale riduzione delle riserve di attività nell'area del risparmio gestito e, conseguentemente, un maggiore grado di omogeneità nelle disposizioni e nei controlli a tutela dell'investitore.
- La realizzazione di un'adeguata cornice normativa per l'avvio delle nuove società private di gestione dei mercati.
- Una revisione della disciplina delle società quotate per migliorarne i rapporti con un mercato dei capitali ormai integrato con la realtà internazionale.

Il TUIF si articola in quattro parti.

PARTE I: Disposizioni comuni

Vengono fornite le definizioni relative alla terminologia tecnica impiegata; definiti i rapporti con il diritto comunitario e le altre fonti normative; sanciti i principi fondamentali in materia di collaborazione tra autorità (nazionali e internazionali, in primo luogo comunitarie) e segreto d'ufficio.

PARTE II: Disciplina degli intermediari

Riflette in larga misura quanto previsto dal d. lgs. 415/96, con l'importante eccezione delle gestioni collettive; la normativa riceve dal TUIF un contributo fondamentale in termini di organicità, in quanto la Legge n. 77/83, il decreto legislativo 23 luglio 1996 n. 415 e le varie norme stratificatasi tra questi due provvedimenti determinavano un insieme complesso nella costruzione e nell'applicazione. Relativamente alla gestione collettiva del risparmio, il Testo Unico innova profondamente, creando i presupposti per la nascita e lo sviluppo di intermediari capaci di offrire tutti i servizi di gestione patrimoniale, individuale e collettiva, analogamente a quanto già avviene nei principali sistemi finanziari e rimuovendo i vincoli normativi che hanno reso il settore della gestione del risparmio frammentato tra vari intermediari che possono operare solo in alcuni segmenti di attività.

Pur confermando la distinzione tra gestione collettiva e individuale, è stata introdotta la figura del gestore unico prevedendo che le società di gestione del risparmio possano operare su portafogli collettivi (fondi comuni) e individuali (GPM, GPF) mentre imprese di investimento, banche e SIM siano limitate alle gestioni individuali. La regolamentazione dei prodotti di gestione collettiva, in passato definita dalla legislazione primaria, viene resa più flessibile, affidandola a criteri generali determinati dal ministero del Tesoro in concerto con la Banca d'Italia e la Consob e rinviando, per la disciplina tecnica di dettaglio, a regolamenti emanati da queste ultime ("delegificazione finanziaria").

Si è realizzato un rafforzamento del principio di vigilanza per finalità, introdotto dalla legge n. 1/91 e riaffermato con il D.Lgs. n. 415/96, attuando una ripartizione di competenze tra la Banca d'Italia e la Consob: "La vigilanza (.) ha per scopo la trasparenza e la correttezza dei comportamenti e la sana e prudente gestione dei soggetti abilitati, avendo riguardo alla tutela degli investitori ed alla stabilità, alla competitività ed al buon funzionamento del sistema finanziario".

- La Banca d'Italia è competente per quanto riguarda il contenimento del rischio e la stabilità patrimoniale.
- La Consob è competente per quanto riguarda la trasparenza e la correttezza dei comportamenti ." (Art. 5 - commi 1, 2 e 3 - D.Lgs. n. 58/98).

Esteso a tutti i soggetti abilitati (imprese di investimento, cioè SIM e imprese di investimento comunitarie ed extracomunitarie; società di gestione del risparmio; SICAV; intermediari finanziari iscritti nell'elenco previsto dall'art. 107 del T.U. bancario; banche), tale modello si è reso necessario in quanto, con l'evoluzione dei mercati, si sono fatti incerti i confini tra le attività e le diverse categorie di operatori con l'emergere di prodotti e servizi finanziari sostanzialmente simili offerti da intermediari di diversa matrice. Ai sensi dell'art. 6 del TUIF, la Consob (con delibera n. 11522 dell'1/07/1998) e la Banca d'Italia (con i provvedimenti dell'1/07/98 e del 20/09/1999) hanno emanato un regolamento che disciplina tali loro competenze.

PARTE III: Disciplina dei mercati e della gestione accentrata di strumenti finanziari

Si pongono le basi di un processo di privatizzazione del mercato, attraverso la trasformazione dei precedenti assetti (proprietari e organizzativi) dei mercati mobiliari, caratterizzato dai seguenti elementi:
- Riconoscimento della natura imprenditoriale dell'attività di organizzazione e gestione dei mercati.
- Superamento della tradizionale concezione di tale attività come pubblico servizio.
- Sottrazione dell'attività di organizzazione e gestione dei mercati alla sfera di competenza di autorità pubbliche e affidamento della stessa a soggetti privati.
- Mantenimento in capo agli organi di controllo pubblici unicamente di poteri di vigilanza e di supervisione generale.

- Sostituzione delle tradizionali fonti legislative e regolamentari di disciplina dei mercati con atti di matrice privatistica.

Viene attuata una riforma della gestione accentrata di strumenti finanziari, collocata in un'area privatistica: "L'attività di gestione accentrata di strumenti finanziari ha carattere di impresa ed è esercitata nella forma di società per azioni, anche senza fine di lucro".

PARTE IV: Disciplina degli emittenti

Opera in primo luogo una riforma della normativa relativa all'informazione societaria, talvolta troppo complessa e non sempre idonea a garantire le notizie davvero necessarie, soprattutto quando l'apparente centro di gestione della singola società non coincide con quello di effettivo comando. Si pone così rimedio a frammentarietà e incompletezze della disciplina previgente, assicurando una migliore qualità dell'informazione che il mercato può aspettarsi di ricevere dagli emittenti titoli quotati, una maggiore razionalità nell'uso degli strumenti di controllo interno ed esterno a garanzia del buon funzionamento della gestione amministrativo-contabile delle società, un rafforzamento della tutela degli azionisti di minoranza e del risparmio affluente ai mercati finanziari. Qui il generale disegno di delegificazione opera nel senso di un'attribuzione di poteri regolamentari alla Consob relativamente all'applicazione di obblighi informativi all'offerente, che quando intende effettuare una sollecitazione all'investimento deve dare preventiva comunicazione alla Consob e pubblicare un prospetto che contiene le informazioni necessarie affinché gli investitori possano pervenire a un fondato giudizio sulla situazione patrimoniale, economica e finanziaria e sull'evoluzione dell'attività dell'emittente. Nel caso sussista un fondato sospetto di violazione della disciplina, è previsto un potere informativo della Consob nei confronti di acquirenti o sottoscrittori di prodotti finanziari, nonché dei soggetti che svolgono attività di sollecitazione.

Notevoli le innovazioni apportate in materia di offerte pubbliche d'acquisto, obblighi informativi, partecipazioni reciproche, tutela delle minoranze, uso illecito dell'informazione, tutte nell'ottica di contemperare l'esigenza di tutela dell'investitore con la ricerca dell'efficienza del mercato. Le disposizioni contenute nel decreto legislativo n. 58 /1998 sono entrate in vigore con tempi differenziati, dipendenti dall'emanazione di regolamenti attuativi; per la parte relativa alla disciplina degli intermediari vanno ricordati: il decreto del Ministero del Tesoro n. 468 del 11/11/1998, relativo ai requisiti di onorabilità e professionalità degli esponenti aziendali presso SIM, società di gestione del risparmio e SICAV; il decreto n. 469 del 11/11/1998 relativo all'individuazione dei requisiti di onorabilità dei partecipanti al capitale delle SIM, delle società di gestione del risparmio e delle SICAV; il decreto del Ministero del Tesoro n. 228 del 24/05/1999, che contiene la definizione dei criteri generali per la redazione dei regolamenti dei fondi; i provvedimenti della Banca d'Italia dell'1/07/1998 (autorizzazione alle SGR; regolamento dei fondi; organizzazione, controlli e partecipazione al capitale di SGR e SICAV) e del 20/09/1999 (partecipazioni detenibili dalle SGR; patrimonio degli OICR; fusione e scissione di SGR e di fondi; banca depositaria) e la delibera Consob n. 11522 dell'1/07/1998, relativa alla disciplina degli intermediari.

Gli investitori qualificati

Volendo proporre, all'interno dell'industria del risparmio gestito, una classificazione che metta in relazione gli investitori istituzionali con i principali strumenti di investimento messi a disposizione dei risparmiatori, occorre precisare come, oltre ad essere tale elencazione non esaustiva, non sia in realtà possibile, nell'ambito dei servizi d'investimento, individuare un collegamento diretto ed esclusivo tra categorie di intermediari e prodotti dagli stessi offerti.

Tale discorso, quindi, ha valore se correttamente inteso in termini di "prevalenza", oppure di riferibilità di tipo "storico" di un prodotto all'intermediario che originariamente lo ha promosso.

Il decreto del Ministero del Tesoro n. 228 del 24/5/1999, art. 1, comma 1, lettera h), definisce investitori qualificati le seguenti categorie di soggetti:

- Le imprese di investimento (comprendenti le Sim e le imprese di investimento estere), le banche, gli agenti di cambio, le società di gestione del risparmio, le SICAV, i fondi pensione, le imprese di assicurazione, le società finanziarie capogruppo di gruppi bancari e i soggetti iscritti negli elenchi previsti dagli artt. 106, 107 e 113 del testo unico bancario.

- I soggetti esteri autorizzati a svolgere, in forza della normativa in vigore nel proprio Paese d'origine, le medesime attività di cui al punto precedente.

- Le fondazioni bancarie.

- Le persone fisiche e giuridiche e gli altri enti in possesso di specifica competenza ed esperienza in operazioni in strumenti finanziari espressamente dichiarata per iscritto dalla persona fisica o dal legale rappresentante della persona giuridica o dell'ente.

La rilevanza economico-sociale attribuita a questi soggetti, che traspare da tutta la relativa disciplina, è da ricollegarsi al ruolo da essi svolto nell'ambito del mercato finanziario, sintetizzabile nelle seguenti funzioni:

➤ Funzione di intermediazione (il già ricordato collegamento tra soggetti in surplus e soggetti in deficit finanziario);

➤ Funzione di investimento, in quanto il risparmio raccolto viene investito selezionando le opportunità di investimento più adeguate alle necessità del soggetto finanziato, nel rispetto di determinati livelli di rischio e di rendimento e considerando la maggiore complessità delle scelte di investimento.

➤ Funzione di gestione collettiva delle risorse, i cui vantaggi risiedono principalmente nella possibilità di realizzare, grazie ad un livello professionale più elevato, una più ampia diversificazione degli investimenti con un minor grado di rischio e un più contenuto costo di gestione del risparmio.

➤ Funzione di consulenza, sia nei confronti dei risparmiatori che a favore dei soggetti finanziati in virtù della capacità di assecondarne i piani di investimento in relazione alle loro specifiche necessità.

I servizi di GPM e GPF

La gestione di portafogli è un servizio di investimento svolto dagli intermediari autorizzati (Sgr, banche, Sim, imprese d'investimento comunitarie, agenti di cambio), che si realizza attraverso la gestione su base individuale del patrimonio di terzi mediante l'investimento avente ad oggetto strumenti finanziari. Il servizio, svolto in passato secondo le norme e gli usi che regolavano i contratti bancari ed inquadrabile nella disciplina del mandato, è oggi disciplinato dal TUIF e, più nel dettaglio, dal regolamento che la Consob, sentita la Banca d'Italia, ha adottato con delibera 11522 del 1998. Sebbene gestioni di portafogli e fondi comuni presentino alcune analogie (in entrambi i casi il gestore acquisisce la disponibilità dei valori in gestione per la realizzazione di operazioni di investimento nell'interesse del cliente), le loro caratteristiche tecnico-economiche sono profondamente diverse: il fondo attua, infatti, una gestione in monte, mentre la gestione di portafoglio è di tipo personalizzato.

La gestione in monte attribuisce a ogni cliente una quota parte del controvalore di un portafoglio costituito da titoli, liquidità, ratei di interesse, saldo debiti e crediti per operazioni in corso.

E' invece personalizzata la gestione che investe i nuovi versamenti secondo scelte gestionali formulate al momento, per cui i portafogli dei diversi clienti possono avere composizioni diverse, discostandosi dal portafoglio "tipo" che il gestore, all'interno di ciascuna categoria, adotta per i clienti che non impartiscono istruzioni. Tutto ciò si traduce in una maggiore personalizzazione del portafoglio, consentendo una composizione che rispecchia la combinazione rischio-rendimento desiderata dal cliente.

La personalizzazione del servizio si esprime attraverso le linee di gestione, indirizzi di composizione del portafoglio, inseriti nel contratto, mediante i quali il cliente comunica al gestore i propri obiettivi prioritari. Questo prodotto si rivolge principalmente a risparmiatori in possesso di un patrimonio di elevato ammontare, che consenta al gestore un frazionamento tra varie categorie di attività finanziarie. Le GPF hanno come oggetto d'investimento le quote di fondi comuni d'investimento mobiliare e SICAV.

A differenza delle GPM, che investono direttamente in titoli, nelle GPF il gestore opera su strumenti che sono già il risultato di un'attività di gestione. Si realizza così un'ulteriore diversificazione rispetto a quella già effettuata dal fondo comune. Le GPF condensano in un unico prodotto finanziario la gestione personalizzata propria delle gestioni patrimoniali (GPM) e la diversificazione su più comparti, tipica dei fondi comuni di investimento.

Le caratteristiche di questo prodotto lo rendono idoneo a soddisfare le esigenze di risparmiatori che vogliono usufruire di una gestione professionale e di una notevole diversificazione, pur non disponendo di ingenti capitali.

Le SICAV

L'altra tipologia di OICR prevista dal nostro ordinamento, la SICAV, "è una società per azioni a capitale variabile con sede legale e direzione generale in Italia avente per oggetto esclusivo l'investimento collettivo del patrimonio raccolto mediante l'offerta al pubblico di proprie azioni" (art. 1, 1° comma, lett. i del D.lgs. 24 febbraio 1998, n. 58). Il legislatore italiano colse l'occasione costituita dal recepimento delle direttive comunitarie n. 611/85 e n. 220/88 per introdurre nell'ordinamento, accanto al fondo comune d'investimento mobiliare aperto esistente già dal 1983, la SICAV, mediante il decreto legislativo n. 84/92. Introdotta dopo i fondi comuni di investimento mobiliari (a differenza della maggioranza degli altri Paesi, dove il percorso è stato inverso), la SICAV ha rappresentato, per il legislatore italiano, un "affinamento" del fondo comune mentre negli altri Paesi è stata l'introduzione del fondo ad aver rappresentato un'evoluzione della preesistente SICAV. Pur avendo la stessa funzione economica e lo stesso ruolo di investitori istituzionali e cioè di soggetti giuridici volti, istituzionalmente, all'investimento del patrimonio raccolto presso una pluralità di risparmiatori, il fondo ha una struttura trilaterale (società di gestione; fondo; partecipanti) mentre la SICAV ha una struttura giuridica bilaterale definita dalla società e dai soci-investitori. Mentre quindi nello schema del fondo la società di gestione gestisce un patrimonio autonomo, in base ad un rapporto contrattuale, distinto sia dal patrimonio dei partecipanti sia dal patrimonio della società di gestione stessa, nella SICAV il patrimonio da gestire è il capitale della società che si è costituito a seguito dei conferimenti dei soci-investitori. Le Sicav si distinguono quindi dai fondi comuni di investimento aperti in quanto in questi ultimi i partecipanti conferiscono i propri risparmi alla società di gestione che provvede ad amministrarli direttamente per cui i sottoscrittori non hanno diritto a influire sull'attività di gestione del patrimonio del fondo; nel caso delle Sicav, invece, il risparmiatore investitore ricopre anche la figura socio-partecipante e come tale ha la possibilità di incidere, con l'esercizio del diritto al voto, sulle vicende sociali e sulla politica di investimento della società. In pratica, rispetto ai fondi comuni di investimento aperti, i risparmiatori che vogliono affidare alla gestione professionale delle Sicav i loro averi non dovranno acquistare delle quote, ma sottoscriverne delle azioni.

Capitale Sociale - A partire dal 1 gennaio 1999 l'ammontare del capitale sociale minimo delle Sicav non deve essere inferiore a 1 milione di euro. Il capitale deve essere interamente versato ed è sempre uguale al patrimonio netto detenuto dalla società.

Gli obiettivi di investimento - Nel prospetto informativo gli obiettivi di investimento sono indicati con riferimento:
- Alle categorie di strumenti finanziari, beni e altri valori in cui il patrimonio della Sicav è tipicamente investito e agli eventuali limiti.
- Alle tipologie di operazioni che sono tipicamente effettuate nell'investimento del patrimonio della Sicav.
- Alle caratteristiche in termini di rischio-rendimento cui è tipicamente improntata la gestione.

Le Sicav indicano altresì un parametro oggettivo di riferimento (benchmark) costruito facendo riferimento a indicatori finanziari elaborati da soggetti terzi e di comune utilizzo, coerente con il rendimento della Sicav stessa.

I Prodotti "Previdenza"

Le forme pensionistiche complementari sono attuate mediante la costituzione di "fondi pensione" (il cosiddetto "secondo pilastro" della previdenza, che gradualmente dovrebbe crescere d'importanza, trasformando l'attuale sistema a contribuzione in un sistema a capitalizzazione) oppure tramite polizze assicurative che, dopo un predeterminato piano di accumulo pluriennale, garantiscono l'erogazione di una rendita vitalizia (terzo pilastro). I fondi pensione complementari sono disciplinati dal decreto legislativo 21 aprile 1993, n. 124, emanato a norma dell'art. 3, comma 1, lettera v) della legge n. 421 del 23/10/1992 e modificato dalla legge 8 agosto 1995, n. 335; sono organismi la cui funzione è la raccolta dei contributi dei lavoratori e/o dei datori di lavoro, la loro gestione in forma collettiva e l'erogazione ai beneficiari, al termine della loro attività lavorativa, di una prestazione consistente in una rendita vitalizia e/o un capitale.

I fondi pensione possono essere di tipo aperto, così come definiti dall'art. 9 del D. Lgs. citato, o di tipo chiuso, disciplinati dagli art. 2 e seguenti. Gli iscritti di un fondo pensione aperto vengono determinati in via residuale rispetto ai fondi chiusi in quanto non devono sussistere (o, se sussistenti, non operare) le fonti istitutive che l'art. 3 punto 1 prevede per questi ultimi.

Il quadro normativo di riferimento prevede:

- Un accordo aziendale (o interaziendale) collettivo fra datore/i di lavoro e dipendenti, che ne decreta la costituzione.
- Uno statuto, che stabilisce le modalità di partecipazione al fondo, i diritti e i doveri degli associati, gli organi e le loro funzioni, i criteri guida di gestione.
- Un regolamento di attuazione che descrive, nei dettagli, le modalità di funzionamento del fondo.
- Una convenzione tra il fondo stesso e la Sim, banca, compagnia di assicurazione, società di gestione del

risparmio, a cui è affidata la gestione tecnica dei mezzi raccolti.

La vigilanza sui fondi pensione compete a un'apposita Commissione (COVIP, Commissione di Vigilanza sui fondi Pensione), nell'ambito delle direttive emanate dal Ministero del Lavoro, di concerto con quello del Tesoro. Il mancato decollo dei fondi pensione in Italia (circa tre mld. di euro l'attivo netto a fine 2001 dei fondi "negoziali" secondo la COVIP, valore ben inferiore a quello di altri Paesi europei e alle stime formulate dal Governo all'indomani della riforma) si spiega con le elevate prestazioni garantite, in passato, dal sistema previdenziale pubblico e con la mancanza di una seria politica di incentivi fiscali. Le recenti riforme vanno nella giusta direzione, ma secondo parte degli esperti non sono sufficienti. Stime provenienti dalle associazioni di categoria fanno ammontare a 40 miliardi di euro all'anno la raccolta possibile a seguito di modifiche alla normativa che favoriscano tale strumento. Sulla scorta delle esperienze estere, dall'introduzione e diffusione di tali strumenti derivano molteplici vantaggi per i lavoratori, le imprese e il sistema economico- finanziario nel suo complesso. In particolare, la regolarità e prevedibilità dei flussi in entrata e uscita ne fanno lo strumento ideale per convogliare risorse finanziare verso gli investimenti a medio e lungo termine, contribuendo sia all'efficienza dei mercati che al finanziamento di iniziative innovative ad alto rischio che non possono reperire risorse attraverso i tradizionali canali di intermediazione. Anche le polizze vita hanno svolto storicamente una funzione previdenziale di tutela dell'individuo dai rischi connessi al ciclo della vita. Accanto alla tipica funzione indennitaria, le polizze assicurative ramo vita possiedono una spiccata componente finanziaria che pone le compagnie di assicurazione in diretta competizione con gli altri intermediari finanziari operanti nel mercato del risparmio gestito. Il decreto legislativo 17 marzo 1995 n. 174 ha ridefinito la disciplina dell'esercizio dell'attività assicurativa ramo vita secondo i principi della direttiva comunitaria n. 96/92 (terza direttiva comunitaria in materia di assicurazione diretta sulla vita) del 10/11/1992. Tale decreto prevede, per le imprese con sede sociale in Italia, che l'accesso all'attività assicurativa sia subordinato alla concessione di un'unica autorizzazione amministrativa, rilasciata dall'ISVAP (art. 7 D. Lgs. 17/03/1995 n. 174), che consente di operare in Italia e all'estero (all'interno e all'esterno della U.E.), sia in regime di stabilimento che in regime di libera prestazione di servizi . L'aspetto temporale delle coperture previdenziali offerte ha posto un'enfasi particolare sulla funzione di intermediazione del risparmio nel tempo, e in particolare, sul mantenimento del suo valore reale. Negli ultimi anni un notevole contributo alla crescita del mercato delle polizze, ormai distribuite anche tramite canale bancario (c.d. "bancassurance"), è venuto dalle "linked", caratterizzate dalla diretta dipendenza delle prestazioni dal valore di una entità di riferimento. Nell'ambito delle polizze "linked", le "unit" hanno prestazioni collegate al valore di un fondo di investimento, esterno o interno all'impresa, mentre le "index" sono caratterizzate da prestazioni la cui entità è in funzione del valore di un indice azionario o di un altro valore di riferimento, in genere offrendo un rendimento minimo garantito decorso un periodo (minimo quattro o cinque anni) predefinito.

I Fondi Comuni

Gli organismi di investimento collettivo del risparmio, ai sensi dell'art. 1, 1° comma, lett. m) del TUIF comprendono i fondi comuni di investimento e le società di investimento a capitale variabile (SICAV). Un fondo comune di investimento è un organismo che, mediante la sottoscrizione di apposite quote di partecipazione, raccoglie risorse finanziarie presso i risparmiatori al fine di gestirle in modo collettivo attraverso il loro investimento in valori mobiliari o altri beni. Tra i possibili criteri di classificazione dei fondi comuni di investimento troviamo la modalità di funzionamento o struttura (fondi aperti, fondi chiusi, fondi speculativi), il tipo di bene oggetto dell'investimento collettivo (valori mobiliari; valori reali, in primo luogo immobili; quote di altri OICR), l'appartenenza (o meno) dei potenziali sottoscrittori a specifiche categorie, per cui avremo le seguenti tipologie:

- Fondi comuni di investimento mobiliare aperti, caratterizzati da un capitale variabile e dalla continua entrata e uscita dei partecipanti al fondo attraverso la sottoscrizione di nuove quote di partecipazione o il riscatto delle quote detenute.

- Fondi comuni di investimento mobiliare chiusi, disciplinati dalla legge n. 344 del 14/08/1993, modificata dal D.Lgs. n. 58/98 e caratterizzati da un capitale fisso e da un limite massimo di quote di partecipazione al fondo sottoscrivibili dai risparmiatori, raggiunto il quale la sottoscrizione delle quote si chiude. Qualora la società di gestione intenda aumentare il volume della massa di mezzi finanziari a disposizione del fondo, dovrà deliberare il collocamento di nuove quote, secondo una procedura in un certo modo assimilabile a quella prevista per gli aumenti di capitale delle società per azioni.

L'istituzione di fondi chiusi è consentita alle società di gestione del risparmio e ciascun fondo chiuso deve disporre di un proprio regolamento, approvato dalla Banca d'Italia, che individua le caratteristiche del fondo e stabilisce le modalità attraverso le quali la società di gestione è abilitata a operare.

- Fondi comuni di investimento immobiliare chiusi, disciplinati dalla legge n. 86 del 25/01/1994, in parte modificata dal TUIF. La gestione del fondo è affidata a una società di gestione del risparmio; il patrimonio del fondo deve essere raccolto mediante un'unica emissione di quote, di eguale valore unitario, che devono essere sottoscritte entro il termine massimo di un anno a decorrere dalla data del nulla osta da parte della Consob alla pubblicazione del prospetto informativo; la durata del fondo non può essere inferiore a dieci anni e superiore a trenta; per ovviare all'impossibilità di smobilizzare la quota, la normativa sui fondi immobiliari chiusi italiani prevede l'obbligatorietà della richiesta di quotazione in Borsa delle quote stesse.

- Fondi speculativi o Hedge Funds, previsti dal regolamento del Min. del Tesoro n. 228/99 come profilo strutturale ulteriore rispetto sia alla tradizionale dicotomia fondi aperti/chiusi sia all'oggetto di investimento. Si tratta di fondi non armonizzati con soglia minima di sottoscrizione pari ad un milione di euro, il cui gestore, in deroga alle norme prudenziali sul contenimento del rischio previste dalla normativa sugli OICR (provvedimento Banca d'Italia del 20/09/1999) si prefigge di poter ottenere risultati positivi indipendentemente dall'andamento dei mercati in cui opera; tali fondi utilizzano sofisticate tecniche di investimento, cercando di migliorare le performance e proteggendo il portafoglio da eventuali ribassi del mercato ricorrendo all'apertura di posizioni speculative mediante vendite allo scoperto.

- Fondi di fondi, cioè fondi non armonizzati aperti che investono esclusivamente in parti di altri OICR armonizzati, tipologia introdotta nel nostro ordinamento dal provvedimento della Banca d'Italia del 20/09/1999.

- Fondi riservati: fondi non armonizzati aperti o chiusi, anch'essi disciplinati da recenti disposizioni (D. Min. Tes. 228/99 e provv. B. Italia 20/09/1999) alla cui sottoscrizione possono accedere unicamente investitori qualificati, che derogano alle norme prudenziali di contenimento e frazionamento del rischio.

L'art. 1, comma 1, lett. j) del D. Lgs. n. 58/98 definisce il fondo comune di investimento come "il patrimonio autonomo, suddiviso in quote, di pertinenza di una pluralità di partecipanti gestito in monte". Il decreto del Ministero del Tesoro n. 228/99, recante norme per la determinazione dei criteri generali cui devono essere uniformati i fondi comuni di investimento, individua sul piano strutturale tre distinti schemi (Titolo III: Tipologie e caratteristiche dei fondi):
1. Il fondo aperto (Titolo III, Capo I).
2. Il fondo chiuso (Capo II).
3. Il fondo speculativo (Capo III).

Il fondo aperto, cioè a capitale variabile, rappresenta la forma più comunemente utilizzata nel campo dei fondi comuni di investimento. Il suo patrimonio varia continuamente (sia nella composizione che nel valore) in relazione agli acquisti e alle vendite realizzate sul mercato a opera dei gestori del fondo, e all'andamento del saldo netto tra nuova raccolta e riscatti chiesti dai partecipanti; è suddiviso in "quote" e il valore di ciascuna quota si determina come rapporto tra il totale delle attività nette del fondo e il numero delle quote in circolazione. I partecipanti al fondo aperto hanno diritto di chiedere, in qualsiasi tempo, il rimborso delle quote secondo le modalità previste dalle regole di funzionamento del fondo. Un fondo comune d'investimento mobiliare aperto, dunque, non è altro che un patrimonio

29

destinato all'investimento, generato dai conferimenti di una massa di risparmiatori.

Investendo in fondi un risparmiatore affida una determinata somma di denaro a società che svolgono professionalmente la gestione, in forma collettiva, di attività finanziarie, le Società di gestione del risparmio. E' detto "comune" perché la somma versata dal singolo partecipante cessa di essere direttamente riferibile a quest'ultimo, divenendo parte di un patrimonio unico, gestito in monte, sul quale ciascun risparmiatore vanta i medesimi diritti, proporzionalmente all'entità del conferimento. E' "di investimento" perché le somme raccolte devono necessariamente essere investite, con le modalità stabilite dalla legge e dal regolamento del fondo. Tali somme non possono essere, ovviamente, utilizzate a propria discrezione dai sottoscrittori, né dal gestore, né restare in forma liquida, fatte salve le esigenze connesse con la gestione del fondo. Il fondo è "mobiliare" poiché il suo patrimonio è impiegato esclusivamente in strumenti e prodotti finanziari e "aperto" in quanto il sottoscrittore è libero di entrare e uscire dal fondo in qualsiasi momento.

I fondi offrono ai risparmiatori la possibilità di diversificare i propri investimenti in un portafoglio più ampio, ottenendo una gestione professionale del risparmio, in campi di non facile accesso all'investitore individuale, vuoi per la mancata disponibilità dei mezzi finanziari necessari a garantire un valido frazionamento del rischio attraverso un'opportuna articolazione dell'investimento, vuoi per l'impossibilità di far ricorso a tutti gli elementi conoscitivi necessari per seguire con tempestività l'andamento del portafoglio e dei mercati.

- I titoli acquistati sono di proprietà di tutti i sottoscrittori in proporzione al capitale investito e costituiscono un patrimonio indiviso. Chi conferisce il capitale partecipa ai profitti e alle perdite realizzate dagli investimenti del fondo (ad opera del suo gestore) in proporzione alle quote acquistate, il cui prezzo unitario si determina come rapporto tra il totale delle attività nette del fondo e il numero delle quote in circolazione.

Nell'ambito della categoria più generale dei fondi aperti, il decreto del Min. Tes. n. 228/98 individua (art. 8) i fondi armonizzati, cioè conformi alle direttive comunitarie n. 611/85 e 220/88. Tali direttive, recepite nel nostro ordinamento con il decreto legislativo n. 83/92, fissano le regole nel rispetto delle quali gli OICVM (oggi OICR) possono essere commercializzati nel territorio dell'Unione in regime di mutuo riconoscimento. I fondi che non rispettano uno o più di tali vincoli si dicono "non armonizzati" e sono disciplinati dall'art. 9 del decreto 228/99. Vi rientrano numerosi prodotti esteri e, da qualche tempo, i non armonizzati di diritto italiano, cioè i fondi speculativi, i fondi riservati e i fondi di fondi. Uno dei principali vantaggi offerto dai fondi comuni (accanto alla competenza professionale del gestore e alla riduzione dei costi di transazione, grazie agli elevati volumi di titoli scambiati) è la possibilità, anche per il risparmiatore con disponibilità finanziarie piuttosto limitate (dell'ordine di poche migliaia di euro) di orientarsi verso la tipologia di strumento finanziario che preferisce e di diversificare il proprio investimento tra i vari mercati (monetario, obbligazionario, azionario), settori economici, aree geografiche. Tutto ciò, ovviamente, non attraverso un'influenza esercitata sulle scelte del gestore, ma scegliendo (o, meglio, ripartendo le disponibilità da investire) tra i vari prodotti che l'industria del risparmio gestito mette a disposizione, essendo, in genere, le soglie d'accesso agli stessi di modesto ammontare.
Tale possibilità diviene sempre più concreta e accentuata con l'aumento delle tipologie di fondi presenti sul mercato.
Si può, infatti, notare come gli elementi di specializzazione tendano ad accrescersi nel tempo, considerando il ciclo vitale del "prodotto" fondo comune di investimento.
Nella fase di prima introduzione il prodotto è poco o per nulla conosciuto da potenziali acquirenti e lo sforzo delle società di gestione è quello di promuoverlo proponendolo alle fasce di utenza interessate che, in questa fase, sono di solito abbastanza ristrette. Da questa prima fase, che presentava una classificazione estremamente schematica che teneva conto del prevalente investimento operato, si è passati ad ulteriori

suddivisioni in funzione di determinate specializzazioni assunte dai fondi di investimento. Proprio la crescente specializzazione aumenta l'importanza dei criteri di classificazione dei fondi comuni, la cui rilevanza è tutt'altro che meramente didattica, costituendo piuttosto uno dei principali strumenti di trasparenza a tutela dell'investitore.

Se è vero, infatti, che altri indicatori forniscono informazioni più specifiche e approfondite circa i criteri di investimento del patrimonio del fondo, è però risultata evidente, alla prova dei fatti, una scarsa familiarità dell'investitore medio con questi strumenti, laddove concetti come "azionario" piuttosto che "monetario" o "area euro" in alternativa a "Paesi emergenti" hanno una loro rappresentatività immediata, anche per il risparmiatore con limitate conoscenze in materia finanziaria.

Per le ragioni esposte le suddivisioni di seguito proposte hanno un valore indicativo, essendo possibili ulteriori evoluzioni, parallelamente a quelle dei mercati finanziari.

I Profili distintivi

Un primo criterio di classificazione può essere rappresentato proprio dal grado di diversificazione del portafoglio; avremo:
- Fondi diversificati: investono in titoli di società che appartengono a settori economici diversi e/o a Paesi diversi.
- Fondi specializzati: investono in titoli di società appartenenti a un solo settore (specializzazione economica) o a un solo Paese o a un'unica area geografica (specializzazione geografica). Sulla base della natura dell'investimento preferenziale operato dalla società di gestione, e quindi del tipo di valore mobiliare prevalente in portafoglio, è possibile distinguere tra:
  - Fondi comuni azionari: caratterizzati da un prevalente investimento in titoli azionari e diretti a soddisfare esigenze di crescita patrimoniale più rapida, esponendo l'investitore a un maggior livello di rischio.
  - Fondi comuni bilanciati, caratterizzati dalla ricerca di un tendenziale equilibrio tra investimenti in titoli a reddito fisso e quelli a rendimento variabile: l'investimento riguarda sia i titoli azionari che i titoli obbligazionari; la prevalenza dell'una o dell'altra forma di investimento è funzione delle politiche di gestione perseguite e dell'andamento congiunturale dei rispettivi mercati.
  - Fondi comuni obbligazionari: sono caratterizzati da un orizzonte d'investimento a medio e lungo termine, da minori livelli di volatilità e di rischio per il partecipante data la natura dei propri attivi (titoli di debito emessi da imprese e, soprattutto, titoli del debito pubblico).
  - Fondi monetari e di liquidità: orientati a investimenti nel breve termine (titoli pubblici a

breve scadenza, pronti contro termine, certificati di deposito) adatti a convogliare disponibilità in attesa di un impiego più duraturo, caratterizzati da un livello di rischio molto basso.

➢ Fondi flessibili, caratterizzati dall'assenza di vincoli sia sull'asset allocation di base (azioni/obbligazioni), sia all'interno di ciascuna categoria (durata dei titoli obbligazionari e/o del mercato monetario; area geografica o settore per le azioni).

A seconda delle modalità di sottoscrizione avremo:

• Versamento in unica soluzione, che comunque potrà essere integrato mediante eventuali versamenti successivi (Piano di investimento in contanti o Pic).

• Piano d'accumulo: è un sistema di investimento mediante il quale il sottoscrittore entra nel fondo comune con una cifra iniziale molto bassa e programma contemporaneamente di versare periodicamente una certa cifra (fissa o variabile a seconda dei casi) per un certo periodo di tempo. Rappresenta una forma di risparmio molto flessibile poiché è possibile, secondo modalità e condizioni che variano da società a società, variare l'importo delle rate, effettuare versamenti aggiuntivi o prolungare il piano, sospendere o interrompere i versamenti in qualsiasi momento.
Il Piano di accumulazione del capitale (Pac) prevede il versamento di un prefissato ammontare mensile per un certo periodo di tempo, sviluppando in maniera automatica il cost averaging. Un Piano ad accumulazione variabile (Pav) è simile a un Pac, con la differenza che l'ammontare del versamento mensile può variare, sviluppando il value averaging.

I fondi comuni di investimento aperti possono essere classificati sulla base della modalità di impiego dei proventi in:

34

- Fondi comuni a distribuzione dei proventi: prevedono la periodica distribuzione (totale o parziale) ai partecipanti di utili rappresentati dalle varie forme di reddito maturate sui titoli detenuti nel portafoglio del fondo.
- Fondi comuni ad accumulazione: il regolamento prevede un automatico e immediato reinvestimento dei redditi maturati dei titoli in portafoglio (sia degli utili derivanti dalle compravendite che degli interessi o dividendi incassati sui titoli). I proventi, quindi, andranno integralmente a incremento del valore delle quote.

I soggetti

La struttura organizzativa dei fondi comuni di investimento si articola in: la società di gestione del risparmio, la banca depositaria, l'insieme dei partecipanti. Sul complesso delle attività che svolgono questi tre soggetti è previsto il controllo da parte della Banca d'Italia e della Consob. I capitali versati dai sottoscrittori formano un compendio patrimoniale autonomo (fondo comune) sul quale la società di gestione del risparmio esercita le funzioni di amministrazione e la banca depositaria quelle di custodia (e di controllo sull'attività svolta dalla società di gestione del risparmio), assumendosene le relative responsabilità. I sottoscrittori non hanno diritto a influire sull'attività di gestione del patrimonio del fondo, limitandosi ad aderire a una proposta contrattuale predefinita e trovando la loro sola fonte di tutela nel controllo amministrativo dell'organo di vigilanza sul contenuto (e, in seguito, sul rispetto) del regolamento contrattuale (vedi Nota).

L'adozione di tale modello organizzativo offre una maggiore tutela ai partecipanti in quanto la netta separazione delle diverse funzioni consente una più spiccata professionalità tecnica nell'ambito della società di gestione del risparmio e una precisa individuazione della sua attività, il che a sua volta favorisce le funzioni di controllo rendendo meno facili commistioni pericolose per gli interessi dei sottoscrittori.

- Nota: Ciascun fondo comune di investimento è disciplinato da un apposito regolamento, il cui contenuto deve essere approvato dalla Banca d'Italia.

Nel regolamento sono individuate le caratteristiche del fondo e le principali modalità di funzionamento del fondo; vengono indicati la società promotrice, il gestore (se diverso dalla società promotrice) e la banca depositaria; è definita la ripartizione dei compiti tra questi soggetti, e sono regolati i rapporti intercorrenti tra tali soggetti e i partecipanti al fondo. Ciascun fondo comune costituisce patrimonio autonomo, distinto da quello della società di gestione del risparmio e da quello di ciascun partecipante nonché da ogni altro patrimonio gestito dalla medesima società. Vi è distinzione netta tra patrimonio del fondo, patrimonio dei partecipanti e patrimonio della società di gestione. Sul fondo non sono ammesse azioni dei creditori della società di gestione, sono consentite azioni dei creditori dei singoli investitori solo sulle quote sottoscritte.

La società di gestione del risparmio non può, in nessun caso, utilizzare i beni di pertinenza dei fondi gestiti.

La S.G.R.

La promozione, l'istituzione, l'organizzazione e la gestione del patrimonio di fondi comuni di investimento aperti e l'amministrazione dei rapporti con i partecipanti sono attività riservate alle Società di Gestione del Risparmio, società per azioni con sede legale e direzione generale in Italia autorizzate a prestare il servizio di gestione collettiva del risparmio e il servizio di gestione su base individuale di portafogli di investimento per conto terzi. Con la nascita delle SGR, il TUIF ha introdotto nell'ordinamento italiano il c.d. "gestore unico", nuova figura di intermediario abilitato a operare in tutti i campi della gestione patrimoniale. La creazione di un intermediario esclusivamente destinato alla gestione dei patrimoni, abilitato a gestire per conto di terzi sia in forma "collettiva" che in forma "individuale" al fine di ottenere una offerta più chiara, costi di gestione ridotti in ragione delle economie di scala, una maggiore tutela del cliente per le ipotesi di conflitti di interesse da polifunzionalità, rappresenta uno dei principali profili di novità della disciplina della gestione del risparmio introdotta dal TUIF.

L'art. 33 del Testo Unico abroga quanto disposto dall'art. 1 della legge 77/83 relativamente all'esclusività dell'oggetto sociale, stabilendo che alle SGR è riservata, unitamente alle SICAV, la prestazione di servizi di gestione collettiva, comprendenti la promozione, istituzione e organizzazione dei fondi comuni di investimento nonché la gestione del patrimonio degli organismi di investimento collettivo del risparmio (comma 2 - lett. a). Inoltre, ai sensi dell'art. 33 - comma 2 - lett. b) e c), le SGR possono prestare il servizio di gestione su base individuale di portafogli di investimento per conto terzi, istituire e gestire fondi pensione e svolgere le attività connesse e strumentali stabilite dalla Banca d'Italia, sentita la Consob. A evitare che tale impostazione esasperi i rischi di conflitti d'interesse, la normativa definisce una chiara e netta separazione tra le due attività e dispone che le SGR non possono svolgere alcun altro tipo di servizio finanziario o d'investimento, come l'attività di negoziazione.

L'art. 34 del TUIF stabilisce che "la Banca d'Italia, sentita la Consob, autorizza l'esercizio del servizio di gestione collettiva del risparmio e del servizio di gestione su base individuale di portafogli di investimento da parte delle società di gestione del risparmio quando ricorrono le seguenti condizioni:

- Sia adottata la forma di società per azioni.
- La sede legale e la direzione generale della società siano situate nel territorio della Repubblica.
- Il capitale sociale versato sia di ammontare non inferiore a quello determinato in via generale dalla Banca d'Italia (attualmente un milione di euro).
- I soggetti che svolgono funzioni di amministrazione, direzione e controllo abbiano i requisiti di professionalità e onorabilità indicati dall'articolo 13 del TUIF.
- I partecipanti al capitale abbiano i requisiti di onorabilità indicati dall'articolo 14 del TUIF.
- La struttura del gruppo di cui è parte la società non sia tale da pregiudicare l'effettivo esercizio della vigilanza sulla società stessa e siano fornite almeno le informazioni richieste ai sensi dell'articolo 15, comma 5 (partecipazioni qualificate al capitale della SGR) del TUIF.
- Venga presentato, unitamente all'atto costitutivo e allo statuto, un programma concernente l'attività iniziale nonché una relazione sulla struttura organizzativa.
- La denominazione sociale contenga le parole "società di gestione del risparmio".

Le procedure di autorizzazione sono disciplinate dal cap. I del provv. Banca d'Italia dell'1/07/1998, emanato in attuazione dell'art. 34, comma 3, TUIF. La Banca d'Italia, nell'esaminare la domanda di autorizzazione, verifica l'esistenza dei presupposti oggettivi indicati all'art. 34 del TUIF, e valuta sul piano tecnico la sussistenza delle condizioni di idoneità dei partecipanti al capitale e del gruppo di appartenenza della società istante e il programma di attività. L'autorizzazione è negata quando dalla verifica delle condizioni precedentemente indicate non risulta garantita la sana e prudente gestione. L'autorizzazione è rilasciata entro il termine di 90 gg. dalla data di ricevimento della domanda (vedi nota), corredata dalla richiesta documentazione; le SGR autorizzate sono iscritte in un apposito albo tenuto dalla Banca d'Italia. La società deve predisporre un programma, da allegare alla domanda di autorizzazione (unitamente ai bilanci di previsione dei primi tre esercizi e a una relazione sulla struttura organizzativa) che illustri l'attività iniziale e le sue linee di sviluppo, gli obiettivi perseguiti e le strategie per la loro realizzazione.

Il programma deve indicare tutte le attività che la società intende svolgere, compresa l'eventuale istituzione e/o gestione di fondi pensione e le attività connesse e strumentali. Con riferimento ai servizi di gestione collettiva devono essere indicate le seguenti informazioni:

- La tipologia di fondi che la società intende istituire e di clientela cui si indirizza il servizio (investitori istituzionali, piccoli risparmiatori, ecc.).

- Le modalità di svolgimento dell'attività gestoria (se la società intende limitare la propria attività all'istituzione e promozione dei fondi ovvero se intende svolgere direttamente l'attività gestoria).

Norme specifiche disciplinano la partecipazione al capitale delle SGR: in base al decreto del Min. del Tes. n. 469/1998, chiunque detenga azioni con diritto di voto in misura superiore al 5% (o una partecipazione "di controllo" ai sensi del D.Lgs. n. 385/1993, T.U. bancario) non può esercitare il diritto di voto per le azioni eccedenti (o per l'intera partecipazione di controllo) qualora sia stato sottoposto a determinate misure giudiziarie di prevenzione (persone pericolose per la sicurezza e la moralità; disposizioni contro la mafia) o condannato per reati in materia finanziaria o economica o per delitto non colposo. Chiunque, inoltre, intenda acquisire (direttamente o indirettamente) azioni di una SGR che, tenuto conto di quelle già possedute, diano luogo a una partecipazione al capitale con diritto di voto superiore al 5%; al superamento delle soglie del 10, 20, 33 e 50%; o al controllo della SGR, è tenuto a darne preventiva comunicazione alla Banca d'Italia, che verifica il possesso dei requisiti di onorabilità.

Limiti sono previsti anche per l'assunzione di partecipazioni da parte delle SGR, che possono riguardare unicamente banche, società finanziarie, imprese di assicurazione e società strumentali; se di controllo, l'acquisizione deve essere comunicata, con almeno 60 giorni di anticipo, alla Banca d'Italia, che può vietarla.

Le SGR sono tenute alla revisione dei propri bilanci da parte di una società di revisione iscritta in apposito albo tenuto dalla Consob.

Alla SGR spetta il diritto di voto relativo agli strumenti finanziari di pertinenza dei fondi amministrati, salvo diversa disposizione di legge; il diritto va esercitato nell'interesse dei partecipanti.

In caso di distinzione tra SGR promotrice e gestore, il diritto spetta a quest'ultimo, salvo patto contrario. Da un punto di vista economico, la creazione della SGR, consentendo di unificare l'attività di asset management, permette di conseguire un notevole risparmio di costi, perché tende a evitare tutte quelle duplicazioni che esistevano in passato. Infatti, posto che l'aspetto strategico- decisionale riguardante gli investimenti del portafoglio è sostanzialmente lo stesso tanto per le gestioni individuali quanto per quelle collettive, è conveniente accentrare il tutto nella SGR piuttosto che avere due strutture separate che svolgono le stesse mansioni. A ciò si deve aggiungere il vantaggio in termini di economie di scala, derivante dai maggiori volumi che l'unificazione consente di raggiungere.

- Nota: Il termine è interrotto se la documentazione risulta incompleta; in tale ipotesi, un nuovo termine di 90 giorni comincia a decorrere dalla data di ricezione della documentazione mancante.

Il termine è sospeso:

- Qualora la Banca d'Italia chieda ulteriori informazioni a integrazione della documentazione prodotta.

- Per il tempo necessario alla Banca d'Italia per ottenere i certificati necessari alla verifica dei requisiti di onorabilità relativi ai soggetti previsti nelle precedenti Sezioni IV, V e VI.

- Qualora la Banca d'Italia debba interessare Autorità di vigilanza estere per l'esistenza di rapporti societari con banche, imprese di investimento o società di gestione estere.

In tali casi, la Banca d'Italia comunica alla società interessata l'inizio della sospensione del termine e il momento in cui esso ricomincia a decorrere. Trascorso un anno dal rilascio dell'autorizzazione senza che la società abbia dato inizio all'attività di gestione, l'autorizzazione decade automaticamente. Rispetto alla normativa precedente, il TUIF lascia alle SGR margini decisionali più ampi relativamente alla propria struttura organizzativa, con la possibilità di scindere l'attività di promozione, istituzione e organizzazione di fondi comuni, nonché amministrazione dei rapporti con i partecipanti, da quella di gestione.

L'assunzione del compito di gestione da parte di una SGR diversa da quella promotrice, come previsto dal provvedimento della Banca d'Italia dell' 1/07/1998 (cap. VII, sez. I, par. 2) non deriva, quindi, dal conferimento di un incarico, successivamente all'istituzione del fondo, ma è determinata nella fase genetica del fondo medesimo e disciplinata nel regolamento di gestione; non è previsto un termine di durata né la possibilità, per il promotore, di impartire indicazioni vincolanti al gestore. Della separazione strutturale tra società promotrice e società che gestisce il patrimonio di OICR di propria o altrui istituzione si occupa, più dettagliatamente, anche l'art. 52 del regolamento Consob 11522/1998, secondo il quale l'affidamento in gestione può avvenire sulla base di apposita convenzione tra le SGR interessate, della quale sia data notizia nel prospetto informativo, che non limita la responsabilità delle società stipulanti (come stabilito dallo stesso TUIF, art. 36 comma 5); un costante flusso di informazioni deve consentire alla promotrice la puntuale amministrazione dei rapporti con i partecipanti. Diversa la fattispecie di cui all'art. 53 del regolamento Consob, relativo alla delega della gestione di OICR da parte di una SGR a "intermediari autorizzati", concetto più ampio che comprende, oltre alle SGR, gli intermediari comunitari autorizzati nel Paese d'origine e quelli extracomunitari, a condizione che esistano apposite intese tra la Consob e la Banca d'Italia e le autorità dello Stato in cui hanno sede. Rimane l'area "grigia" delle eventuali succursali comunitarie di intermediari non comunitari, abilitate al servizio di gestione (e sottoposte a vigilanza) dall'autorità del Paese comunitario in cui sono stabilite . La delegabilità "funzionale" non appare soggetta ad alcun vincolo quantitativo (può esserne oggetto anche l'intero patrimonio dell'OICR), ma si differenzia dalla separazione "istituzionale" promozione/gestione sotto il profilo qualitativo, restando in capo al delegante compiti di natura gestionale (asset allocation): viene, in sostanza, trasferita la sola scelta degli specifici investimenti (stock picking). La delega deve avere durata determinata (salva la possibilità di revoca in ogni momento) e non limita la responsabilità del delegante. Per ragioni di trasparenza la Consob richiede che della delega sia data notizia nel prospetto informativo, senza peraltro imporre l'obbligo di indicare il nome del delegato.

43

La Banca Depositaria

Allo scopo di garantire efficienza nell'esecuzione delle istruzioni impartite dalla SGR e una maggior tutela ai partecipanti, attraverso la separazione della custodia materiale dei beni del fondo dal potere di gestione, la normativa prevede la presenza obbligatoria (ed esclusiva) della banca depositaria. Accanto alla funzione principale di "custodia del fondo", prevista all'art. 36 del TUIF, altre funzioni non meno importanti attribuite alla banca depositaria sono elencate all'art. 38. La separazione evidenzia in maniera marcata come la banca depositaria non costituisca un mero custode delle disponibilità liquide e degli strumenti finanziari di un fondo comune di investimento, funzione che costituisce la sua obbligazione principale, ma svolge un ruolo di esecuzione e controllo, che riguarda l'intera gestione del fondo, a garanzia dell'investitore.
Tra le funzioni puramente operative vanno ricordate:

- L'esecuzione delle istruzioni impartite dalla società di gestione del risparmio, se non contrarie alla legge, al regolamento, allo statuto o alle prescrizioni degli organi di vigilanza.
- L'accertamento che nelle operazioni relative al fondo la controprestazione sia a essa rimessa nei termini d'uso.
- Il regolamento delle sottoscrizioni e dei rimborsi delle quote del fondo.
- La registrazione contabile degli strumenti finanziari custoditi.
- L'incasso delle cedole.

Le funzioni di controllo sulla totalità delle operazioni disposte dalla società spaziano dal calcolo del valore della quota e destinazione dei redditi del fondo al rispetto dei limiti legali e regolamentari dell'investimento e al controllo di legittimità delle istruzioni impartite. Il controllo di legittimità si ritiene possa essere svolto nei tempi e nei modi che la banca ritiene più opportuni, dal momento che il TUIF non contiene nessuna disposizione al riguardo. L'art. 36, comma 4, del TUIF, sottolinea che nello svolgimento delle proprie funzioni la banca depositaria è indipendente dalla società promotrice e dal gestore e agisce nell'interesse dei partecipanti al fondo. La delicatezza dei compiti attribuiti alla banca depositaria giustifica i particolari requisiti previsti dal provvedimento della Banca d'Italia del 20 settembre 1999:

- La banca depositaria deve essere italiana o avere sede statutaria in un altro Stato membro dell'Unione Europea avente una succursale in Italia.
- L'ammontare del patrimonio di vigilanza non deve essere inferiore a 100 milioni di euro.
- La banca deve aver maturato un'adeguata esperienza all'incarico da assumere.
- L'assetto organizzativo deve essere idoneo a garantire l'efficiente e corretto adempimento dei compiti a essa affidati.

Gli amministratori e i sindaci della banca depositaria riferiscono alla Banca d'Italia e alla Consob, ciascuna per le proprie competenze (art. 38, comma 4, TUIF), le eventuali irregolarità riscontrate nell'amministrazione della società di gestione del risparmio e nella gestione. La banca depositaria è responsabile nei confronti della SGR e dei singoli partecipanti al fondo di ogni pregiudizio da essi subito in conseguenza dell'inadempimento degli obblighi derivanti dallo svolgimento della sua funzione. Pur essendo individuato, con la scelta del depositario, il soggetto responsabile dei compiti di custodia, questo può, ferma restando la propria responsabilità nei confronti della SGR e dei partecipanti, subdepositare la totalità o una parte degli strumenti finanziari di pertinenza dell'OICR . A evitare conflitti d'interessi, l'incarico di depositaria non può essere conferito a banca il cui presidente del consiglio d'amministrazione, amministratore delegato, direttore generale, dirigente o responsabile organizzativo sia anche presidente o amministratore delegato o membro del comitato di gestione della SGR.

I soggetti incaricati del collocamento

Accanto ai soggetti elencati è possibile trovare il collocatore (o rete di vendita), che è il soggetto autorizzato a collocare le quote dei fondi presso il pubblico, secondo le normative vigenti, la cui presenza è solo eventuale in quanto può coincidere con il gestore (collocamento diretto).

Il collocamento di quote di fondi comuni può essere effettuato:

- Tramite reti di vendita, composte da una struttura di promotori finanziari che hanno il compito di vendere le quote ai potenziali clienti, mantenere i contatti con i sottoscrittori in essere, stimolare nuove sottoscrizioni e, in generale, fornire una consulenza specializzata ai partecipanti.
- Da parte di sportelli bancari (le banche collocatrici possono anche essere estranee al gruppo di appartenenza della SGR promotrice, e legate a essa unicamente da accordi commerciali; attualmente circa il 75-80% del patrimonio dei fondi proviene da questo canale distributivo).
- Direttamente dalla SGR, presso la propria sede (è il canale quantitativamente meno rilevante, ma l'ammontare medio delle singole sottoscrizioni è più elevato che negli altri).
- Mediante tecniche di comunicazione a distanza, in particolare internet.
- In forma mista.

L' "offerta fuori sede" di quote di fondi comuni può essere effettuata dalla SGR limitatamente ai fondi di propria istituzione o gestione, o dai soggetti autorizzati al servizio di collocamento (Sim, imprese di investimento comunitarie o extracomunitarie autorizzate, banche) , unicamente avvalendosi di promotori finanziari iscritti nell'apposito albo tenuto dalla Consob.

Quanto al collocamento via web (consentito dall'art. 32 del TUIF), prima del luglio 2000 il binomio fondi-internet presentava un serio impedimento: l'unico modo di sottoscrivere un fondo comune era il modulo cartaceo, mentre il computer consentiva di realizzare le sole operazioni successive quali i passaggi da un fondo a un altro (switch) o i riscatti. Successivamente, grazie all'intervento delle Autorità di Vigilanza del settore la procedura per attivare l'operatività in prodotti del risparmio gestito è stata notevolmente snellita e in alcuni casi essa è oggi realizzabile senza avere nessun contatto fisico con l'intermediario. La Banca d'Italia ha ammesso la possibilità di utilizzare la rete internet anche per la prima sottoscrizione di quote di fondi comuni, a condizione che tale modalità sia prevista nel prospetto informativo e sia stato preventivamente aperto un rapporto contrattuale di natura continuativa tra l'intermediario e il sottoscrittore.

Opportunità ribadite dalla Consob, nell'ambito delle recenti modifiche alla disciplina del prospetto informativo.

A tal fine la SGR e/o i soggetti incaricati del collocamento possono attivare servizi "on line" che, previa identificazione dell'investitore e rilascio di password o codice identificativo, consentano allo stesso di impartire richieste di acquisto via internet in condizioni di piena consapevolezza. E' evidente, alla luce della possibilità per chiunque di diffondere notizie sul web, che questo nuovo canale distributivo, se da un lato offre ulteriori opportunità di crescita all'industria del risparmio gestito, dall'altro pone inediti problemi in termini di trasparenza e tutela dell'investitore, e quindi nuove sfide alle quali sono chiamati gli organi di vigilanza, l'autoregolamentazione e gli stessi media specializzati nell'informazione finanziaria.

Il regolamento del fondo

Il regolamento del fondo costituisce il documento in cui si sostanzia la disciplina contrattuale dei rapporti tra il partecipante e le sue controparti; la centralità del regolamento risulta enfatizzata dal nuovo assetto normativo che consente agli operatori di determinare le caratteristiche del prodotto secondo le strategie perseguite e le richieste del mercato. La facoltà di autoregolamentazione trova dei limiti sia nei requisiti strutturali dei fondi dettati dal Decreto del Min. Tesoro n. 228/1999 sia nei criteri generali di redazione dei regolamenti di cui al provvedimento Banca d'Italia dell'1/07/1998. L'attribuzione al Ministero del Tesoro del potere di determinazione dei criteri risulta coerente con l'impostazione generale del sistema, che conferisce a Consob e Banca d'Italia funzioni normative di carattere più strettamente tecnico nei rispettivi settori di competenza, mentre rimette al Ministero quelle valutazioni che comportino la definizione dei limiti esterni della disciplina o la salvaguardia dei diritti soggettivi dei singoli risparmiatori.

Il regolamento del fondo diventa lo strumento attraverso il quale vengono fissati concretamente i contorni dell'attività di gestione e definiti gli spazi operativi a disposizione del gestore per le scelte d'investimento. Il sottoscrittore di quote di un fondo comune di investimento non ha la facoltà di partecipare alla negoziazione del contratto gestorio: deve accettare il regolamento del fondo senza la possibilità di apportarvi delle modifiche (contratto per adesione).

L'art. 39 del TUIF prevede, alla lettera a) l'indicazione dei tratti "anagrafici" del fondo (denominazione e durata); mentre le altre lettere riprendono previsioni già contenute nella L. 77/83, all'art. 2, comma 2.

Il regolamento deve contenere le seguenti altre indicazioni:

- Le modalità di partecipazione al fondo, la forma aperta dello stesso, i termini e le modalità dell'emissione ed estinzione dei certificati e della sottoscrizione e del rimborso delle quote nonché le modalità di liquidazione del fondo, i destinatari delle quote (pubblico indistinto o particolari categorie di investitori, ad es. investitori qualificati).

- Gli organi competenti per la scelta degli investimenti e i criteri di ripartizione degli stessi, dai quali risultino i vincoli che il gestore si impegna a rispettare nell'attività di gestione riguardanti sia la rischiosità intrinseca dei valori oggetto di investimento e del complessivo portafoglio di attività detenute, sia gli aspetti della gestione suscettibili di dare luogo a possibili conflitti di interesse.

- Il tipo di beni, di strumenti finanziari e di altri valori in cui è possibile investire il patrimonio del fondo.

- I criteri relativi alla determinazione dei proventi e dei risultati della gestione nonché le eventuali modalità di ripartizione e distribuzione dei medesimi.

- Le spese a carico del fondo e quelle a carico della SGR.

- La misura o i criteri di determinazione delle provvigioni spettanti alla SGR e degli oneri a carico dei partecipanti.

- Le modalità di pubblicità del valore delle quote.

- Lo scopo del fondo, in termini di obiettivi che la SGR intende perseguire (orientamento all'incremento e/o mantenimento del valore del patrimonio), orizzonte temporale degli investimenti (breve, media o lunga durata), eventuale intenzione di supportare determinati settori dell'economia o di destinare in tutto o in parte a iniziative di carattere umanitario o sociale (fondi etici).

- L'indicazione della società promotrice e del gestore con la definizione della ripartizione dei relativi compiti (ovviamente i due soggetti possono coincidere; in caso contrario il testo regolamentare conterrà due distinte sezioni riguardanti ciascuno di essi, al fine di facilitarne l'individuazione).

- La banca depositaria, le condizioni per la sua sostituzione, le dipendenze presso le quali vengono espletate le funzioni di emissione e consegna dei certificati e di rimborso delle quote.

Il regolamento del fondo è definito autonomamente dalla SGR, che ne richiede l'approvazione alla Banca d'Italia: decorsi quattro mesi dalla data di presentazione della domanda senza diversa comunicazione, la richiesta si intende approvata (silenzio-assenso).

- Nota: La Banca d'Italia valuterà la completezza e la compatibilità del regolamento oltre che con i "criteri generali di redazione" da essa stabiliti, anche con quelli relativi alla "struttura di funzionamento" definiti dal Ministero del Tesoro e con il "contenuto minimo" che si evince dalla normativa nel suo complesso.

È possibile, quindi, affermare che, pur con le differenze esistenti tra i vari fondi e tra le diverse società di gestione, i regolamenti rispondono a uno schema comune che ne facilita la comparabilità, rendendo possibile l'orientamento verso i fondi più confacenti alle esigenze del potenziale sottoscrittore. Con il provvedimento della Banca d'Italia del 28 novembre 2000 è stata riconosciuta ai fondi comuni di investimento armonizzati la possibilità di redigere il regolamento di gestione in forma semplificata secondo lo schema ivi allegato. L'esame del contenuto di tale schema rivela immediatamente lo sforzo di rendere più intelligibile il testo regolamentare allo scopo di consentirne una più agevole fruizione da parte dei destinatari.
1. Lo schema di regolamento semplificato si compone di tre parti:La Scheda Identificativa del prodotto.
2. Le previsioni relative alle Caratteristiche del Prodotto.
3. Le Clausole Generali.

La parte a) (Scheda Identificativa) contiene gli elementi essenziali di identificazione del fondo (denominazione e durata, indicazione della Società di Gestione del Risparmio e dell'eventuale Società promotrice, indicazione della Banca

Depositaria, indicazione della periodicità di calcolo del valore della quota e delle modalità di pubblicazione di tale valore nonché di eventuali modifiche regolamentari). La parte b) (Caratteristiche del Prodotto) contiene i tratti distintivi del fondo oggetto del regolamento e si compone di quattro sezioni.

- Nella prima sono indicate la tipologia del fondo, le finalità (obiettivi di investimento, orizzonte temporale), l'oggetto e le politiche di investimento (criteri di ripartizione degli investimenti, natura degli strumenti finanziari e altri valori in cui è possibile investire il patrimonio del fondo, valuta di denominazione).

- Nella seconda vengono indicati i criteri relativi alla determinazione dei proventi ovvero dei risultati della gestione e le eventuali modalità di ripartizione e distribuzione.

- La terza sezione stabilisce le spese a carico del Fondo e la misura o i criteri di determinazione delle provvigioni spettanti alla Società Promotrice, alla Società di Gestione del Risparmio e alla Banca Depositaria nonché degli oneri a carico dei partecipanti.

- Nella quarta sezione sono stabilite le modalità della sottoscrizione e del rimborso delle quote (piani di accumulo, rimborsi programmati, modalità delle operazioni di passaggio fra fondi) e gli eventuali casi in cui le operazioni di rimborso possono avvenire con modalità diverse da quelle ordinarie. Vi vengono, inoltre, indicate le modalità di adesione e le caratteristiche e il funzionamento dell'eventuale abbinamento del fondo a un conto corrente bancario.

La parte b) può comporsi di due ulteriori sezioni destinate a recepire quelle che la Banca d'Italia, nel suo provvedimento, definisce le disposizioni eventuali.

- La quinta sezione, nel caso in cui la società gestore sia diversa dalla società promotrice, definisce la ripartizione dei compiti tra tali soggetti nonché i rapporti intercorrenti tra questi e i partecipanti al fondo.

- La sesta sezione indica eventuali ed eccezionali disposizioni che derogano alle clausole generali indicate nella parte c).

La parte c) (Clausole Generali) contiene la disciplina comune ai diversi fondi come si ricava dall'esperienza fin qui maturata e costituisce un tutto unico destinato a essere riprodotto integralmente. Nelle otto sezioni che la compongono (Partecipazione al Fondo, Quote e Certificati di partecipazione, Organi competenti a effettuare la scelta degli investimenti, Spese a carico della SGR, Valore unitario della quota e sua pubblicazione, Rimborso delle quote, Modifiche del Regolamento, Liquidazione del Fondo), sono compendiate le soluzioni delineate dalla prassi e affermatasi con caratterizzazione costante per tutte le tipologie di fondi. Eventuali, eccezionali e limitate deroghe alle disposizioni contenute in questa parte possono essere realizzate espungendo la disposizione modificata e riportandola nella sesta sezione della parte b) dandone evidenza, a fini istruttori, alla Banca d'Italia. Alla semplificazione del contenuto del testo regolamentare, infatti, si accompagna lo snellimento della procedura e dei termini di approvazione dei regolamenti di gestione redatti ai sensi dello schema appena descritto: la domanda di approvazione va presentata dalla SGR, specificando che si tratta di regolamento semplificato, alla filiale della Banca d'Italia competente per territorio.

- La Banca d'Italia comunica l'approvazione: entro venti giorni dalla data di ricezione della domanda per i regolamenti che riproducono integralmente il testo delle "clausole generali", senza alcuna deroga; entro quarantacinque giorni per i regolamenti che prevedono limitate e circoscritte deroghe alle clausole generali.

L'approvazione si intende comunque rilasciata se non negata con provvedimento motivato entro i suddetti termini, ma nel caso in cui il regolamento sia incompatibile con lo schema semplificato o la documentazione prodotta risulti incompleta il termine di silenzio- assenso è interrotto. I nuovi termini previsti dal provvedimento per l'approvazione dei nuovi regolamenti semplificati si applicano anche all'approvazione delle modifiche apportate ai testi regolamentari adottati secondo lo schema predisposto dalla Banca d'Italia. Infine è da rilevare la possibilità prevista dal provvedimento in esame di trasfondere nel nuovo schema semplificato il regolamento di gestione di un fondo armonizzato già approvato; il passaggio allo schema semplificato, in ogni caso, non deve generare modifiche al contenuto disciplinare del regolamento per cui nella redazione della parte b) relativa alle "caratteristiche del prodotto" si dovrà tendere a riprodurre le dizioni presenti nel testo precedente. Nel complesso l'esame del provvedimento della Banca d'Italia rivela un'apprezzabile sforzo diretto alla razionalizzazione della disciplina che ne forma oggetto. Lo schema semplificato predisposto dall'Autorità di Vigilanza, in particolare, oltre ad agevolare le procedure di approvazione e la riduzione dei relativi termini, sembra destinato a rendere più agevole la lettura dei testi regolamentari e a favorire il raffronto tra i diversi prodotti a tutto vantaggio dell'investitore. In tal senso risulta apprezzabile anche la raccomandazione di Banca d'Italia a evitare la riproduzione di previsioni già contenute in norme primarie o secondarie nonché le ripetizioni tra le varie parti del testo. L'impressione generale che si ricava è dunque quella di un'adeguata semplificazione del testo regolamentare, a beneficio dei sottoscrittori, e di un altrettanto opportuno snellimento della procedura di approvazione di tali testi, a beneficio delle Società di Gestione del Risparmio alla cui discrezionalità è peraltro rimessa l'adozione dello schema semplificato e dunque, in ultima analisi, l'efficacia pratica dell'innovazione prodotta dal provvedimento di Banca d'Italia.

Sottoscrizione e rimborso

La partecipazione al fondo comune si realizza tramite sottoscrizione delle quote o loro successivo acquisto a qualsiasi titolo. Il regolamento specifica i mezzi di pagamento utilizzabili e la relativa valuta d'accredito; il giorno cui si riferisce il valore della quota da considerare ai fini della determinazione del numero di quote da attribuire; le differenti modalità di sottoscrizione (in unica soluzione o con piano di accumulazione); la periodicità di emissione e rimborso delle quote, almeno settimanale e analoga a quella di calcolo del valore della quota. La SGR impegna contrattualmente i collocatori a inoltrare le domande di sottoscrizione e i relativi mezzi di pagamento alla SGR o alla banca depositaria (qualora la società elegga domicilio presso quest'ultima) entro e non oltre il primo giorno lavorativo successivo a quello della relativa ricezione. A fronte di ogni sottoscrizione la SGR provvede a inviare al sottoscrittore una lettera di conferma dell'avvenuto investimento. La partecipazione al fondo non può essere subordinata a condizioni, vincoli o oneri, di qualsiasi natura, diversi da quelli indicati nel regolamento. Le quote di partecipazione ai fondi comuni, tutte di uguale valore e con uguali diritti, sono rappresentate da certificati nominativi o al portatore, a scelta dell'investitore (art. 36, comma 8, TUIF). I certificati possono essere emessi per un numero intero di quote e/o frazioni di esse. Qualora le quote non siano destinate alla dematerializzazione, il partecipante può sempre chiedere (sia all'atto della sottoscrizione sia successivamente) l'emissione del certificato rappresentativo di tutte o parte delle proprie quote ovvero l'immissione delle stesse in un certificato cumulativo, al portatore, tenuto in deposito gratuito presso la banca depositaria con rubriche distinte per singoli partecipanti.
Il regolamento indica se per i certificati sia prevista la quotazione in un mercato regolamentato.
La sottoscrizione può essere abbinata ad altri prodotti finanziari; l'eventuale contratto collaterale costituisce atto

volontario separato e l'abbinamento non comporta effetti sulla disciplina del fondo, che resta assoggettata al regolamento.

- La sottoscrizione può, inoltre, avvenire mediante passaggio tra fondi (switch). Il regolamento disciplina le modalità e i tempi dell'operazione.

I partecipanti al fondo hanno diritto di chiedere in qualsiasi tempo il rimborso (totale o parziale) delle quote, che deve essere eseguito entro 15 giorni dalla richiesta.

In casi eccezionali il rimborso può essere sospeso dalla SGR per un periodo non superiore a un mese; sospensione che deve essere immediatamente comunicata alla Banca d'Italia e alla Consob (art. 10, comma 3, decreto Ministero Tesoro n. 228/99). Il valore del rimborso è determinato in base al valore unitario delle quote del giorno di ricezione della domanda da parte della SGR.

Il rimborso può avvenire (se previsto dal regolamento) anche tramite switch o, ancora, mediante "piani sistematici di rimborso": il partecipante impartisce istruzioni per un rimborso programmato, fissando il numero di quote o l'importo da disinvestire alle scadenze indicate. La liquidazione del fondo ha luogo alla scadenza del termine indicato nella scheda identificativa o di quello eventuale al quale esso è stato prorogato, ovvero, anche prima di tale data, nei seguenti casi:

- Scioglimento della SGR.
- Rinuncia motivata dalla sussistenza di una giusta causa, da parte della SGR, all'attività di gestione del fondo, in particolare in caso di riduzione del patrimonio del fondo tale da non consentire un'efficiente prestazione dei servizi gestori e amministrativi.

La liquidazione del fondo viene deliberata dal consiglio di amministrazione della SGR. La SGR informa preventivamente l'organo di vigilanza.

L'annuncio dell'avvenuta delibera di liquidazione del fondo, deve essere pubblicato sul/i quotidiano/i indicato/i nella scheda identificativa, per almeno tre volte a distanza di una settimana.

Previa analoga informativa alla Banca d'Italia è possibile procedere alla fusione tra fondi, purché gli stessi abbiano tutti forma aperta, le loro politiche d'investimento siano compatibili e l'operazione avvenga nell'interesse dei partecipanti e senza oneri a loro carico.

Il patrimonio del fondo

Ai sensi del regolamento Banca d'Italia del 20/9/99 (Cap. II, Sez. II), i fondi comuni aperti investono il proprio patrimonio (Punto 1) in:

- Strumenti finanziari quotati.
- Parti di OICR rientranti nell'ambito di applicazione della Direttiva comunitaria n. 611/85.
- Depositi bancari presso banche aventi sede in uno Stato membro dell'Unione Europea o appartenente al "Gruppo dei dieci" (G-10), per almeno il 50% rimborsabili a vista o con un preavviso inferiore a 15 giorni (in ogni caso non possono avere vincolo di durata superiore a 12 mesi).
- Strumenti finanziari non quotati (orientandosi verso quelli per i quali esiste un mercato attivo); l'ammontare complessivo degli strumenti finanziari non quotati detenuti da un fondo, ivi compreso il valore corrente dei contratti derivati OTC (valore del premio per le opzioni), non può eccedere il 10% del totale delle attività del fondo.
- Strumenti finanziari derivati, nel rispetto delle disposizioni previste.

I fondi aperti possono detenere liquidità per esigenze di tesoreria. Nella gestione del fondo aperto non è consentito (Punto 2):

- Concedere prestiti in forme diverse da quelle previste in materia di operazioni a termine su strumenti finanziari.
- Vendere allo scoperto strumenti finanziari.
- Investire in strumenti finanziari emessi dalla SGR.
- Acquistare metalli o pietre preziose o certificati rappresentativi dei medesimi.

Il patrimonio del fondo non può essere investito in beni direttamente o indirettamente ceduti da un socio, amministratore, direttore generale o sindaco della SGR o da una società del gruppo, né tali beni possono essere direttamente o indirettamente ceduti ai medesimi soggetti. La normativa prevede, poi, limiti alla concentrazione dei rischi, che si articolano in (Punto 3):

- Limiti agli investimenti in strumenti finanziari di uno stesso emittente. Il fondo aperto non può essere investito in strumenti finanziari di uno stesso emittente o in parti di uno stesso OICR per un valore superiore al 5% del totale delle attività.

- Limiti agli investimenti in strumenti finanziari di uno stesso gruppo di emittenti. Gli investimenti complessivi in strumenti finanziari di più emittenti appartenenti al medesimo gruppo, cioè legati da rapporti di controllo, non possono eccedere il 30% del totale delle attività del fondo. Tale limite è ridotto al 15% quando il gruppo è quello di appartenenza della SGR. I limiti appena indicati non si applicano: nel caso dei fondi che prevedono, come politica di investimento, di riprodurre la composizione di un determinato indice di borsa sufficientemente diversificato, di comune utilizzo gestito e calcolato da soggetti di elevato standing e terzi rispetto alla SGR (fondi-indice); agli investimenti in parti di OICR rientranti nell'ambito di applicazione della Direttiva comunitaria n. 611/85.

- Limiti agli investimenti in depositi bancari. Il patrimonio di un fondo non può essere investito in misura superiore al 20% del totale delle attività in depositi presso un'unica banca. Tale limite è ridotto al 10% nel caso di investimenti in depositi presso la banca depositaria del fondo. I depositi presso banche di uno stesso gruppo, cioè legate da rapporti di controllo, con possono eccedere il 30% del totale delle attività del fondo. Nel caso di depositi presso banche del gruppo di appartenenza della SGR le condizioni praticate al fondo devono essere almeno equivalenti a quelle applicate dalla banca medesima alla propria clientela primaria.

- Limiti alle operazioni in derivati e agli impegni assunti; altre operazioni a termine. Nella gestione del fondo la SGR può effettuare, in coerenza con le politiche di investimento definite nel regolamento del fondo, operazioni su contratti derivati standardizzati negoziati su mercati regolamentati e altri strumenti finanziari derivati (c.d. over the counter, OTC) a condizione che siano negoziati con controparti di elevato standing sottoposte alla vigilanza di un'autorità pubblica e che abbiano ad oggetto titoli quotati, tassi di interesse o di cambio nonché indici di borsa o valute. L'ammontare degli impegni assunti dal fondo non può essere superiore al valore complessivo netto del fondo stesso. Ai fini di una più efficiente gestione del portafoglio del fondo, è consentito effettuare operazioni di compravendita di titoli con patto di riacquisto (pronti contro termine), riporto, prestito di titoli e altre assimilabili, a condizione che le operazioni siano effettuate all'interno di un sistema standardizzato, organizzato da un organismo riconosciuto di compensazione e garanzia ovvero concluse con intermediari di elevato standing e sottoposti alla vigilanza di un'autorità pubblica. Le operazioni di pronti contro termine e di riporto devono avere caratteristiche di accessorietà e di transitorietà configurandosi come investimento o disinvestimento "ponte" in funzione di una più efficiente gestione della liquidità del fondo.

- Limiti all'assunzione di prestiti. Nell'esercizio dell'attività di gestione, la SGR può (entro il limite massimo del 10 per cento del valore complessivo netto del fondo) assumere prestiti finalizzati a fronteggiare, in relazione ad esigenze di investimento o disinvestimento dei beni del fondo, sfasamenti temporanei nella gestione della tesoreria. La durata dei prestiti assunti deve essere correlata alla finalità dell'indebitamento e comunque non può essere superiore a 6 mesi .

Con una recente comunicazione (n. DIN/1056336 del 23/07/2001) la Consob ha sottolineato come, nel caso di superamento dei limiti d'investimento previsti in conseguenza di esercizio dei diritti di opzione derivanti dalle azioni in portafoglio, mutamenti di valore dei titoli in portafoglio o fatti non dipendenti dalla SGR, la normativa prudenziale impone alla SGR di riportare la posizione entro i limiti previsti "nel più breve tempo possibile tenendo conto dell'interesse dei partecipanti al fondo". La determinazione in concreto delle modalità operative attraverso cui deve realizzarsi l'alienazione degli strumenti finanziari eccedenti tali limiti è rimessa all'autonomia del gestore che dovrà agire in accordo ai generali canoni di diligenza e correttezza. Ulteriori limiti riguardano, infine, gli investimenti effettuati da una SGR attraverso l'insieme dei fondi che essa gestisce: le azioni con diritto di voto di una stessa società da essa detenute non possono superare il 10% del capitale con diritto di voto per le società quotate e il 20% per le non quotate; in ogni caso la SGR non può esercitare il controllo sulla società emittente.

Ai fondi armonizzati si applicano le regole appena viste per i fondi aperti, fatto salvo che:

• Non è consentito l'investimento in depositi bancari.

• L'acquisto di parti di altri OICR aperti rientranti nell'ambito di applicazione della Direttiva comunitaria n. 611/85 è consentito entro il limite complessivo del 5% del totale delle attività.

In tale ambito, ove sia prevista la possibilità di investire in parti di OICR "collegati", il regolamento del fondo deve precisare che l'acquisto può riguardare esclusivamente parti di OICR specializzati in un determinato settore economico o geografico.

Ai fondi armonizzati non si applica il divieto di carattere generale relativo all'investimento in beni direttamente o indirettamente ceduti da un socio, amministratore.

Relativamente ai limiti alla concentrazione dei rischi, il limite di cui al Cap. II, Sez. II, Punto 3, lettera a) del Regolamento Banca d'Italia del 20/09/1999 (V. paragrafo 6.) è ridotto al 10% (anziché 15%), mentre, per quello di cui alla lettera c), è ulteriormente richiesto che il fondo detenga almeno sei emissioni differenti.

Rispetto agli strumenti derivati e alle altre operazioni a termine, ai fondi armonizzati sono consentite le medesime operazioni (e con gli stessi limiti) viste per i fondi aperti, ma le operazioni in derivati aventi a oggetto valute sono ammesse esclusivamente al fine di coprire dal rischio di cambio le attività e le passività del fondo.

Ai fondi armonizzati si applicano, inoltre, limiti alla detenzione di strumenti finanziari senza diritto di voto.

Un fondo non può detenere, con riferimento al totale degli strumenti finanziari di un unico emittente, un ammontare superiore al:

- 10% del totale delle azioni senza diritto di voto.
- 10% del totale delle obbligazioni.
- 10% del totale delle quote di uno stesso OICR rientrante nell'ambito di applicazione della Direttiva n. 611/85.

Tali limiti non si applicano quando gli strumenti finanziari sono emessi o garantiti da uno Stato aderente all'OCSE o da organismi internazionali di carattere pubblico di cui fanno parte uno o più Stati membri dell'Unione Europea.

Tutela dell'investitore

Tra gli operatori del mercato finanziario che svolgono attività di asset management, i fondi comuni si distinguono dagli altri intermediari per le modalità economico-patrimoniali che connotano la loro attività e il loro operato: i rischi di investimento sono, infatti, assunti direttamente dai risparmiatori, dal momento che le variazioni dell'attivo del fondo si riflettono immediatamente sul valore delle singole quote. Inoltre, il patrimonio del fondo è investito seguendo il principio di diversificazione, prevalentemente in titoli quotati; le caratteristiche di illiquidità tipiche dell'attivo delle banche sono pertanto meno rilevanti.

E' ovvio che il mancato rispetto, da parte del gestore, dei limiti d'investimento, configura un caso di mala gestio o di comportamento non conforme e non rappresenta la manifestazione di un rischio finanziario. A motivo di ciò, i sistemi di regolamentazione delle gestioni patrimoniali collettive attribuiscono una vera e propria centralità alle norme di trasparenza, informativa e corretto comportamento, volte a tutelare i diritti degli investitori, piuttosto che a quelle di stabilità.

Per poter essere strumento di tutela, l'informativa deve possedere la "capacità transitiva": deve, cioè, risultare accessibile, comprensibile ed utilizzabile dal soggetto che si intende tutelare, il risparmiatore.

La relativa disciplina non può essere diretta alla cura di un generico interesse dell'investitore, ma a quello avente quale contenuto l'affidamento che il risparmiatore ripone nel comportamento "corretto" del sollecitante e che lo hanno indotto a sottoscrivere il fondo stesso anziché scegliere un investimento alternativo.

L'informativa deve possedere tutta una serie di caratteristiche: essere vera (l'operatore non deve farsi tramite di notizie che gli risultino false), completa (non solo le notizie conosciute ma anche quelle conoscibili) e chiara; non deve essere anonima, bensì qualificata. La diffusione di notizie, la cui conoscenza non sia direttamente necessaria al compimento di ragionate scelte di investimento o disinvestimento può risultare pregiudizievole, in quanto fonte di confusione. Le informazioni comunicate devono essere quanto più possibile sintetiche e standardizzate, in modo da consentire di individuare con facilità ed immediatezza i dati più rilevanti, e quindi di accrescere il grado di intelligibilità e comparabilità.

Le regole di trasparenza e di corretto comportamento in materia di gestioni collettive di patrimoni si rinvengono con riferimento a due momenti portanti: il primo è relativo alla fase che precede l'investimento; il secondo allo svolgimento dell'attività di gestione. Nella prima fase, in particolare, si rilevano norme di trasparenza e di informativa volte al potenziale investitore; nella seconda, oltre a tali disposizioni, si evidenziano veri e propri diritti dell'investitore. Accanto a questi due elementi centrali, le Direttive comunitarie n. 611/85 e 220/88 enucleano anche altri principi relativi alle norme di comportamento che gli intermediari devono osservare, con riferimento per esempio alle regole riguardanti le informazioni da acquisire sul cliente, le regole sui conflitti di interesse, le norme prudenziali in materia di organizzazione e contabilità, valori mobiliari e liquidità della clientela.

Regole di comportamento

Nell'ambito dei principi appena ricordati, il TUIF ha privilegiato la trasparenza e la correttezza dei comportamenti, considerati essenziali in un settore dove l'interesse del risparmiatore è minacciato più dall'eventuale scarsa correttezza dell'intermediario che dall'instabilità patrimoniale dello stesso: l'importanza dell'informazione è stata sottolineata dall'art. 5 del TUIF che pone come punto di riferimento la tutela degli investitori, assieme alla stabilità, competitività e buon funzionamento del sistema finanziario. Nell'ottica di delegificare il più possibile attraverso l'utilizzo della normativa secondaria, il TUIF ha previsto che gli aspetti relativi a trasparenza e correttezza siano disciplinati, con apposito regolamento, dalla Consob (la quale ha provveduto con delibera n. 11522 del 1 luglio 1998). La fase che precede l'investimento è caratterizzata da una serie di regole di condotta, che vanno dall'informazione che l'intermediario deve fornire al cliente, alle informazioni che devono essere acquisite sul cliente. L'intermediario è tenuto a conoscere il cliente, la sua situazione finanziaria, la sua preferenza di rischio e conseguentemente i suoi obiettivi di investimento. Deve garantire la massima trasparenza nei confronti della clientela: ha l'obbligo di comunicare al cliente le informazioni necessarie per effettuare consapevoli scelte di investimento, consegnando il prospetto informativo, il regolamento di gestione e, su richiesta, il documento sui soggetti che partecipano all'operazione. Il cliente prima della sottoscrizione delle quote ha il diritto di esaminare il prospetto informativo del fondo.

Relativamente alla fase successiva alla conclusione del contratto, il diritto di informativa trova espressione nella possibilità, data al risparmiatore, di esaminare una serie di documenti che lo tengono al corrente dell'evoluzione del proprio investimento nel tempo; documenti che, ai sensi del decreto del Min. del Tesoro n. 228/1999, le SGR sono tenute a redigere, in aggiunta alle scritture prescritte per le imprese commerciali dal Codice civile:

- Il libro giornale del fondo, nel quale sono annotate le operazioni di gestione e quelle di emissione e rimborso di quote.
- Un prospetto recante l'indicazione del valore unitario delle quote di partecipazione e del valore complessivo dei fondi aperti con periodicità almeno pari all'emissione o rimborso delle quote.
- Il rendiconto della gestione del fondo, entro sessanta giorni dalla fine di ogni esercizio annuale o del minor periodo in relazione al quale si procede alla distribuzione dei proventi.
- Una relazione semestrale relativa alla gestione del fondo, entro trenta giorni dalla fine del semestre.

Il rendiconto e la relazione semestrale devono essere messi a disposizione del pubblico nella sede della SGR entro 30 gg. dalla lor redazione; il prospetto, oltre che a disposizione nella sede della SGR, è pubblicato entro il giorno successivo a quello di riferimento, sul giornale indicato dal regolamento del fondo.

La parte del prospetto informativo relativa alle caratteristiche di rischio e rendimento va aggiornata ogni anno e inviata al sottoscrittore, al quale deve essere, inoltre, comunicata ogni modifica essenziale relativa alla politica di gestione dei fondi.

Su richiesta dell'investitore viene inviato un prospetto riassuntivo semestrale che riporta il numero di quote da lui detenute, il loro valore all'inizio e al termine del periodo, le operazioni effettuate.

E' possibile richiedere l'invio a domicilio del regolamento di gestione, dei rendiconti e della relazione semestrale.

Relativamente agli obblighi di correttezza dei comportamenti, il principio di carattere generale previsto all'art. 40 del TUIF è stato tradotto in regole operative dalla delibera Consob n. 11522/1998, che impone al gestore collettivo, per ciascun fondo gestito, di:

- Ricercare ed elaborare le informazioni necessarie per effettuare analisi di scenario.

- Formulare previsioni economiche sulla base delle quali stabilire le strategie generali di investimento.
- Tradurre tali strategie in scelte operative conseguenti.

Tali regole di comportamento trovano fondamento nella teoria economica che definisce l'attività di gestione di portafogli come un processo di acquisizione ed elaborazione di informazioni micro e macro economiche per l'effettuazione delle scelte di investimento finalizzate alla costruzione del portafoglio ottimale per l'investitore in un dato periodo temporale.

Nota: Il Titolo II del regolamento Consob 1 luglio 1998 n. 11522, all'art. 48, prevede che nello svolgimento del servizio di gestione collettiva del risparmio, le società di gestione del risparmio e le Sicav, nell'interesse dei partecipanti agli OICR e dell'integrità del mercato mobiliare, devono seguire alcune specifiche regole di comportamento:

- Agire in modo indipendente e coerente con i principi e le regole generali del Testo Unico.
- Hanno l'obbligo di operare nel rispetto degli obiettivi di investimento indicati nel prospetto informativo degli OICR gestiti.
- Devono astenersi da ogni comportamento che possa avvantaggiare un patrimonio gestito, inclusi quelli gestiti nell'ambito della prestazione del servizio di gestione individuale di portafoglio per conto terzi, a danno di un altro.
- Obbligo di acquisire una conoscenza adeguata degli strumenti finanziari, dei beni e degli altri valori in cui è possibile investire il patrimonio gestito.
- Dovere di operare al fine di contenere i costi a carico degli OICR gestiti e di ottenere dal servizio svolto il miglior risultato possibile, anche in relazione agli obiettivi di investimento degli stessi OICR.

66

Il prospetto informativo

Nell'ambito del diritto all'informativa da parte dell'investitore, una posizione centrale è occupata dal prospetto informativo, già previsto dalla legge 77/83. Il primo schema si deve alla comunicazione Consob del 6 giugno 1984 n. 08384, i cui criteri furono modificati nel 1996 (comunicazione n. 08027 del 28 maggio 1996) al fine di renderli più rispondenti alle esigenze manifestatesi sul mercato nel tempo. Il Testo Unico, al Titolo II, Appello al pubblico risparmio, art. 94, contiene le nuove norme relative alla redazione del prospetto informativo, prevedendo che coloro che intendono effettuare una sollecitazione all'investimento devono darne preventiva comunicazione alla Consob, allegando il prospetto destinato alla pubblicazione. La Consob con delibera n. 11971 del 14/05/1999 ha emanato il regolamento relativo alla disciplina degli emittenti in conformità al D.Lgs. 58/98, prevedendo, all'art. 5, le modalità di redazione del prospetto informativo.

Dopo diverse modifiche, con la sua comunicazione del 29 ottobre 2001, DIN/1081851, la Consob ha introdotto uno standard per rendere omogenei e comparabili i contenuti del Prospetto Informativo dei fondi comuni d'investimento mobiliari aperti.

Il nuovo schema di Prospetto Informativo è più snello rispetto al passato (in quanto non contiene più appendici e allegati), si caratterizza per la previsione di un nucleo minimo ma esaustivo di informazioni, è basato sugli elementi essenziali dell'operazione e rimanda, per le eventuali esigenze di approfondimento, al regolamento di gestione e all'ulteriore documentazione disponibile. Il nuovo Prospetto Informativo si compone di tre parti:

- Parte I, che illustra le caratteristiche del fondo e le modalità di sottoscrizione (informazioni generali; informazioni sull'investimento; informazioni economiche; informazioni sulle modalità di sottoscrizione e rimborso; informazioni aggiuntive).

- Parte II, che illustra le performance storiche del fondo e del parametro di riferimento (benchmark) i dati storici di rischio- rendimento e dei costi del fondo (la novità più rilevante, mutuata, in modo significativo, dall'esperienza nordamericana in tema di offerta di mutual fund).

- Parte III, ovvero il Modulo di Sottoscrizione (informazioni richieste dal regolamento di gestione, l'indicazione dell'obbligo di consegna del Prospetto Informativo e del regolamento di gestione, l'indicazione dei mezzi di pagamento previsti ed i relativi giorni di valuta; l'evidenziazione dei casi in cui si applica la facoltà di recesso).

Il prospetto è unico per i fondi gestiti dalla medesima società che presentino caratteristiche omogenee, e ciò introduce il principio dell'unitarietà della sollecitazione di quote di fondi: una volta aderito all'operazione complessiva di sollecitazione a seguito della consegna del Prospetto Unico e della sottoscrizione del relativo modulo, per il risparmiatore è possibile effettuare tutte le operazioni quali versamenti aggiuntivi, switch, sul prodotto già sottoscritto ma anche su quelli inseriti all'interno del prospetto unico senza la necessità di una nuova consegna del documento d'offerta e della sottoscrizione di un ulteriore modulo di adesione.

I conflitti di interesse

L'interesse degli investitori si impone come preminente criterio-guida dell'attività dell'intermediario in ragione dell'essenza stessa dell'attività di gestione di patrimoni altrui. Tale criterio è pertanto espressamente indicato dal legislatore, assieme ai canoni comportamentali di diligenza, correttezza e trasparenza. Il rispetto di tale principio (che si arricchisce di un'ulteriore valenza per il gestore collettivo, chiamato a esercitare i diritti di voto di pertinenza dei fondi gestiti) richiede un apprezzabile grado di autonomia e trasparenza decisionale da parte della Società di gestione. L'indipendenza, funzionale all'esclusivo interesse degli investitori, è il predicato di una gestione protetta da influenze che possano derivare sia dall'assetto strutturale (interno o di gruppo) del soggetto che la esercita, sia dalle stesse modalità di svolgimento, da parte di quest'ultimo, delle proprie attività.

In tale prospettiva, le norme primarie impongono, in via generale, alle SGR di organizzarsi in modo tale da ridurre al minimo il rischio di conflitti di interesse (trattandosi di elementi potenzialmente perturbatori rispetto al perseguimento dell'interesse esclusivo degli investitori, e dunque rispetto all'indipendenza della gestione), anche tra i patrimoni gestiti.

Le norme secondarie (in particolare, delibera Consob 11522/98) prevedono che gli intermediari debbano vigilare per l'individuazione dei conflitti di interessi e ne esemplificano alcune "forme", distinguendo, all'interno della generale nozione di "interesse direttamente o indirettamente in conflitto" con quello degli investitori, i conflitti derivanti:

- da rapporti di gruppo.
- da altri rapporti di affari propri o di società del gruppo.
- dalla prestazione congiunta di più servizi.

Il regolamento Consob (delibera 11522) da un lato precisa che le SGR (e le Sicav) possono effettuare operazioni in conflitto di interessi a condizione che sia comunque assicurato un equo trattamento degli Oicr, avuto anche riguardo agli oneri connessi alle operazioni da eseguire; dall'altro dispone che esse individuano i casi in cui le condizioni contrattuali convenute con i soggetti che prestano servizio a favore di dette società configgono con gli interessi degli Oicr gestiti e assicurano:

- Che il patrimonio degli Oicr non sia gravato da oneri altrimenti evitabili.

- Che vengano illustrate agli investitori nel prospetto informativo le fonti di reddito o le altre utilità percepite a fronte della prestazione del servizio di gestione collettiva dalla società di gestione del risparmio o dalla Sicav non direttamente derivanti dagli Oicr a titolo di commissioni gestionali.

Relativamente agli aspetti organizzativi, le SGR devono adottare procedure interne finalizzate ad assicurare che non si verifichino scambi di informazioni con altre società del gruppo che prestano servizi di negoziazione, ricezione e trasmissione ordini, collocamento e servizi accessori di consulenza alle imprese, servizi connessi all'emissione o al collocamento di strumenti finanziari. Inoltre, diverse disposizioni non espressamente dedicate ai conflitti di interesse acquistano, anche indirettamente, una particolare valenza in ordine a questo tema. Anche tra le norme dettate dalla Banca d'Italia per profili di propria competenza, ve ne sono alcune con simili caratteristiche:

- Il divieto di investire il patrimonio del fondo in beni direttamente o indirettamente ceduti da un socio, amministratore, direttore generale o sindaco della SGR, o da una società del gruppo ovvero di cedere tali beni ai medesimi soggetti.

- Il limite all'acquisto in caso di operazioni di collocamento di strumenti finanziari effettuate da società del gruppo di appartenenza della SGR.

- La previsione che in caso di investimenti in depositi bancari presso una banca del gruppo della SGR la banca pratichi al fondo condizioni almeno equivalenti a quelle da essa applicate alla propria clientela primaria.

- La regola prudenziale relativa alla concentrazione degli investimenti in strumenti finanziari di emittenti appartenenti al medesimo gruppo, che fissa un limite rispetto alle attività del fondo (più severo quando il gruppo è quello di appartenenza della SGR).

Sul piano sanzionatorio, oltre agli eventuali provvedimenti di vigilanza correlati al controllo sull'attività svolta dagli intermediari dall'Autorità competente (e alle misure di tutela azionabili sul piano civilistico, ricorrendone i presupposti, dagli investitori che lamentino un danno), merita di essere menzionata la tutela penalistica apprestata dall'art. 167 TUIF, che individua il reato di "gestione infedele" nel comportamento di chi, nella prestazione del servizio di gestione di portafogli di investimento su base individuale o del servizio di gestione collettiva del risparmio, in violazione delle disposizioni regolanti i conflitti di interesse, pone in essere operazioni che arrecano danno agli investitori, al fine di procurare a sé o ad altri un ingiusto profitto.

Le norme citate si limitano a identificare alcune forme "tipiche" di tali conflitti e indicare, in termini perlopiù generici, i principi cui improntare la condotta (trasparenza, equo trattamento dei patrimoni gestiti, esclusione di oneri sovrabbondanti a carico degli stessi) e taluni presidi organizzativi, al contempo imponendo, tuttavia, agli intermediari di vigilare su tali conflitti. Assume quindi rilevanza l'autoregolamentazione, fronte che ha visto impegnate, negli ultimi anni, sia le singole società che le associazioni di categoria.

- In particolare, il Protocollo di autonomia per le SGR (elaborato da Assogestioni nel 2001), facendo riferimento, tra l'altro, al rapporto redatto nel maggio 2000 dal Comitato Tecnico della International Organization of Securities Commissions (IOSCO), dedicato ai "Conflicts of Interests of CIS Operators", detta una serie di regole di condotta e di struttura il cui obiettivo è quello di ridurre il rischio che si presentino situazioni di conflitto.

• Nota: Le attività dei CIS Operators dalle quali possono sorgere conflitti di interessi sono individuate con riferimento a due "aree" di attività.

La prima riguarda le "investment selection activities", e comprende le operazioni degli Oicr che coinvolgono "affiliated parties" nel ruolo di controparti dirette, di intermediari ovvero di partecipanti a un'operazione congiuntamente con l'Oicr. La seconda area di attività riconduce sotto le "other CIS management activities" una diversificata gamma di comportamenti che vanno da quelli relativi all'individuazione di commissioni, oneri e spese da imputarsi agli Oicr, agli accordi c.d. di soft commissions, alle operazioni effettuate in proprio dal gestore o da singoli addetti, fino alle politiche di remunerazione degli addetti. Vengono elencate anche alcune misure ritenute utili a minimizzare gli effetti negativi dei conflitti, sottolineando che non esistono strumenti idonei a fronte di ogni tipo di conflitto. Grande importanza è attribuita all'autoregolamentazione, perché l'imposizione "dall'alto" di standard di comportamento obbligatori, piuttosto che su base volontaria, se da un lato può conferire maggiore certezza su detti standard, dall'altro pone il rischio di una loro applicazione formale e in definitiva poco consapevole (check-list approach) e di comportamenti sostanzialmente elusivi.

Gli annunci pubblicitari

L'articolo 19, comma 1, del Regolamento Emittenti Consob n. 11971/99, come recentemente modificato, ha stabilito il passaggio dell'attività di vigilanza sugli annunci pubblicitari concernenti Oicr e fondi pensione aperti alla fase successiva alla diffusione degli stessi. Tale passaggio ha richiesto la definizione di criteri operativi di redazione al fine di garantire il rispetto, da parte dei soggetti interessati, dei principi di correttezza, chiarezza e non ingannevolezza, criteri formulati dalla stessa Consob con la Comunicazione n. DIN/1031371 del 26 aprile 2001. In particolare, la definizione di uno standard redazionale risponde al duplice obiettivo di assicurare la piena comparabilità delle informazioni contenute nei messaggi pubblicitari, in forza dell'applicazione di criteri oggettivamente definiti ex ante e resi noti al mercato, e di ridurre al minimo i comportamenti sleali degli intermediari, sia italiani che esteri.

La normativa dispone che l'annuncio pubblicitario che riporti i rendimenti conseguiti dall'investimento proposto:

- Deve specificare il periodo di riferimento per il calcolo del rendimento.
- Deve rappresentare in modo chiaro il profilo di rischio connesso al rendimento.
- Deve operare il confronto con il benchmark.
- Deve indicare tali rendimenti al netto degli oneri fiscali e deve specificare che non vi è garanzia di ottenimento di uguali rendimenti in futuro.

Per quanto riguarda la pubblicazione dei rendimenti vanno sempre riportati sia la performance degli ultimi 12 mesi decorsi dalla fine del trimestre solare concluso più prossimo alla data dell'annuncio sia il rendimento medio annuo composto relativo agli ultimi 3 o 5 anni, o in forma numerica o, per pubblicità via stampa, in forma grafica. In pratica, l'annuncio deve sempre riportare i rendimenti su due orizzonti temporali diversi (l'anno e i 3 o i 5 anni, e cioè il breve e il medio termine) e su un periodo che, in ogni caso, non può essere discrezionalmente fissato dalla società.

La vigilanza

La vigilanza sugli intermediari finanziari risponde a due obiettivi: preservare la stabilità sistemica e tutelare il risparmiatore, consentendo, nel contempo, agli intermediari di ottimizzare le condizioni di struttura e condotta. Per garantire la tutela del sottoscrittore in materia di gestioni collettive, non è sufficiente la verifica del rispetto, da parte del gestore, delle norme volte ad assicurare che il livello dei rischi assunti dal fondo sia costantemente coerente con le caratteristiche accettate dal risparmiatore in sede di sottoscrizione: il controllo deve necessariamente essere esteso ad altri campi, quali il divieto di discriminazione tra clienti o l'operatività in conflitto d'interessi, per evitare che siano messi in atto comportamenti "opportunistici".

In tema di supervisione e di regolamentazione in campo finanziario è possibile distinguere cinque diversi modelli:

- Il modello della vigilanza per finalità: ogni Autorità è competente in relazione ad un determinato obiettivo, indipendentemente dalla natura degli intermediari e dalle attività che essi svolgono. Si tratta di un modello particolarmente efficace in un contesto di mercati fortemente integrati e operatori polifunzionali. Infatti, ciascuna Autorità vigila in ragione di un determinato obiettivo, e così si supera la specializzazione per soggetti tipica del modello per istituzioni, nel quale si finiva per applicare norme differenti a soggetti svolgenti le medesime attività.

- L'approccio istituzionale: la vigilanza viene esercitata su ciascuna categoria di intermediari finanziari ed affidata ad un distinto organo per l'intero complesso delle attività svolte (un esempio di approccio istituzionale in Italia è rappresentato dal sistema di regolamentazione previsto per il mercato e gli intermediari assicurativi, di competenza pressoché esclusiva dell'Isvap).

• La vigilanza per attività: presuppone che alle diverse attività di intermediazione esercitate dagli operatori corrispondano altrettante forme di supervisione. Ciascun tipo di servizio finanziario è soggetto a controlli di una determinata Autorità indipendentemente dall'operatore che lo offre.

• L'approccio funzionale: non richiede l'esistenza delle istituzioni attuali, siano esse operative (banche, fondi comuni, società di intermediazione) o di regolamentazione (Banca centrale, Autorità Antitrust). Le funzioni sono considerate più stabili delle stesse istituzioni che le esercitano, il criterio adottato è relativo all'oggetto, fondato su diversi settori affidati alla regolamentazione amministrativa e dei poteri attribuiti e fa leva sulle diverse tipologie delle attribuzioni dell'amministrazione.

• Il modello di vigilanza accentrata: si fonda su un'unica Autorità di controllo, eventualmente distinta dalla Banca Centrale, che ha competenza su tutti i mercati e su tutti gli intermediari, indipendentemente dalla loro natura bancaria, mobiliare o assicurativa e con riguardo ai diversi obiettivi della regolamentazione (stabilità, trasparenza, concorrenza).

L'art. 5 del TUIF, cardine del sistema di vigilanza, attribuisce alla Banca d'Italia le competenze in materia di salvaguardia della stabilità e contenimento dei rischi nelle diverse configurazioni, alla Consob quelle relative alla tutela della trasparenza e correttezza dei comportamenti. Il comma 5 fissa un principio di cooperazione tra Banca d'Italia e Consob le quali, sia per un implicito scopo di rafforzamento della efficacia della vigilanza, che per il dichiarato fine di ridurre al minimo gli oneri gravanti sui soggetti vigilati, devono darsi reciproca

comunicazione dei provvedimenti assunti e delle irregolarità rilevate nell'esercizio dei controlli sui prestatori di servizi di investimento. Per entrambe le autorità resta in ogni caso salva la possibilità di esercitare direttamente i poteri di vigilanza. Inoltre, l'Autorità Antitrust ha competenza relativamente alla normativa sulla concorrenza. I poteri di intervento della Banca d'Italia e della Consob nei confronti dei soggetti abilitati, contenuti nel TUIF agli artt. 7-10, si rifanno alla legislazione bancaria. Tra questi:
La facoltà di convocare gli amministratori, i sindaci e i dirigenti.

- La possibilità di chiedere agli organi competenti di convocare l'assemblea fissandone l'ordine del giorno, o di procedere direttamente alla convocazione in caso di inerzia.
- La possibilità di ordinare la sospensione o la limitazione temporanea dell'emissione o del rimborso delle quote o azioni di Oicr (art. 7, comma 3), di chiedere ai soggetti abilitati la comunicazione di atti e notizie e la trasmissione di atti e documenti secondo i termini e le modalità stabilite (art. 8), di effettuare ispezioni, tenendosi vicendevolmente informate e richiedere l'esibizione di documenti e il compimento di atti ritenuti necessari, presso i soggetti abilitati (art. 10).

Di portata limitata il sistema sanzionatorio, fondato sulla responsabilità della persona fisica, e non su quella dell'intermediario; problema, questo, che sarà sicuramente oggetto di futuri interventi normativi, anche alla luce della prossima approvazione della Direttiva europea sugli abusi di mercato.
Occorre infine almeno accennare a un argomento che, per vastità e complessità, trascende gli obiettivi di questo lavoro: l'evoluzione della vigilanza internazionale e comunitaria, questione sempre più attuale con la crescente globalizzazione dei mercati finanziari.

La consapevolezza della necessità di creare meccanismi di controllo in grado di interloquire con operatori proiettati su scala internazionale, si è tradotta, fin dagli anni '70, in uno sforzo di coordinamento della supervisione, esteso a tutta la comunità dei Paesi più evoluti.

I principali risultati di tale impegno sono rappresentati dai principi comuni elaborati dal Comitato di Basilea e dall'IOSCO, rispettivamente in materia bancaria e di securities regulation.

All'interno dell'Unione Europea, le iniziative in tal senso si sono integrate in un più ampio disegno di armonizzazione della legislazione in campo economico-finanziario, di cui sono espressione le direttive comunitarie in materia bancaria, assicurativa, di servizi finanziari e, per quanto ci riguarda più da vicino, le direttive sui fondi comuni armonizzati.

Il principio del mutuo riconoscimento, alla base delle direttive UE in materia finanziaria, appare ad alcuni insufficiente a garantire l'efficacia dei controlli, rischiando di innescare un meccanismo di "competition in laxity", per prevenire il quale occorrerebbe un indirizzo unitario, che può essere assicurato solo da un organismo centrale, capace di impartire direttive e risolvere dubbi e conflitti, oppure da una più stretta integrazione tra le autorità di vigilanza dei Paesi membri. La questione è quanto mai attuale, poiché, al di là delle lungaggini della regolamentazione comunitaria, e nonostante gli ostacoli palesi o subdoli frapposti da molti Paesi membri, un mercato europeo dei servizi finanziari e della gestione collettiva in particolare è già in fase di sviluppo e, a differenza che in passato, non ci si limita più all'acquisizione, da parte dei principali operatori internazionali, di imprese di investimento o SGR locali.

L'autoregolamentazione

Come più volte sottolineato dalle autorità del settore, l'efficienza dei mercati finanziari e la tutela dell'investitore sono obiettivi al cui raggiungimento possono e devono contribuire gli stessi organismi e associazioni che rappresentano gli operatori del settore. La delibera Consob 11522 del 1998 prevede (art. 58, comma 2) che le SGR "rispettano i codici di autodisciplina adottati dalle associazioni di categoria alle quali aderiscono". Ai sensi dell'art. 20 dello statuto Assogestioni, le Società associate "sono tenute al rispetto del codice deontologico dell'Associazione", allegato allo statuto, di cui forma parte integrante.

Il Codice, adottato nel 1995, e che ha anticipato alcuni contenuti della regolamentazione successiva, si articola in sei parti:

*   Campo di applicazione.
*   Principi.
*   Regole di comportamento.
*   Giurì.
*   Sanzioni.
*   Norme transitorie e finali.

In particolare, quanto ai principi, sono individuati:

*   La tutela del cliente (art.2): finalità prioritaria delle società di gestione nell'espletamento del mandato di gestione è la tutela dell'interesse dell'investitore; esse pertanto svolgono l'attività di gestione di patrimoni con correttezza e professionalità, avendo sempre come obiettivo la salvaguardia degli interessi dei clienti.
*   L'indipendenza (art. 3): le società di gestione mantengono nell'attività di gestione un'assoluta indipendenza dalla società controllante e dalle altre società del gruppo o in ogni modo collegate.

79

- La correttezza (art. 4): le società di gestione improntano la propria attività alla massima correttezza nei confronti del mercato e dei concorrenti.

La sezione dedicata alle regole di comportamento traduce tali principi in norme cui l'attività degli operatori deve uniformarsi (Attività di gestione, art. 5; Presìdi di indipendenza, art. 6; Comunicazioni alla clientela, art. 7; Gestione delle società partecipate e partecipazione alle assemblee, art. 8; Pubblicità, art. 9; Delega di poteri di gestione, art. 10)

Lo stesso Regolamento Consob (art. 58, comma 1) prevede altresì che le SGR "adottano e rispettano un codice interno di autodisciplina, anche rinviando a quelli adottati da associazioni di categoria in riferimento ai servizi esercitati", il quale definisce le regole di comportamento di componenti degli organi amministrativi e di controllo, dipendenti, promotori finanziari e collaboratori.

Tali regole devono riguardare almeno:

- L'obbligo di riservatezza sulle informazioni di carattere confidenziale.

- Le procedure per compiere per conto proprio operazioni aventi a oggetto strumenti finanziari.

- Le procedure per l'assunzione di incarichi o procure dai clienti ai fini della stipulazione dei contratti o dell'effettuazione di operazioni.

- Il divieto di ricevere utilità da terzi che possano indurre a comportamenti in contrasto con gli interessi degli investitori o del soggetto per conto del quale operano.

Importante anche il contributo dato, più di recente, dal "Protocollo di autonomia per le SGR", da adottarsi in via discrezionale e individuale da parte delle singole Società, approvato da Assogestioni nel 2001 con l'obiettivo di salvaguardare l'autonomia decisionale delle SGR nell'assunzione delle scelte concernenti la prestazione dei servizi di gestione. Vi si sottolinea come il rispetto del principio di indipendenza della gestione (e degli altri principi cui deve ispirarsi l'operato degli intermediari: diligenza, correttezza, trasparenza) richieda a sua volta l'osservanza di regole sia di condotta sia di organizzazione: al riguardo, valgono non solo presidi organizzativi all'interno della struttura produttiva, ma anche scelte organizzative e procedure attinenti alla struttura di governo della società. Il Protocollo si occupa proprio di questi ultimi aspetti, accogliendo, tra l'altro, indicazioni e principi mutuati dall'esperienza internazionale e da iniziative analoghe, relative alla regolamentazione (e autoregolamentazione) in altri segmenti dei mercati finanziari.

Le direttive comunitarie

La normativa comunitaria ha avuto un ruolo fondamentale non solo nell'armonizzazione delle legislazioni nazionali, ma nella stessa diffusione dei prodotti di risparmio gestito, stimolando l'iniziativa degli operatori e delle autorità competenti di quei Paesi, come il nostro, che negli scorsi decenni erano in notevole ritardo rispetto a quelli finanziariamente più evoluti. L'adozione nel 1985 della direttiva n. 611, contenente disposizioni riguardanti l'autorizzazione, la vigilanza, la politica di investimento ed i requisiti di trasparenza per gli OICVM o UCITS , è stato il primo passo importante sulla via del coordinamento delle disposizioni legislative e regolamentari riguardanti gli organismi di investimento collettivo. Essa è stata integrata e modificata dalla direttiva 220/88, relativa ai prospetti informativi e alle società di gestione. L'obiettivo principale del coordinamento era uniformare le condizioni di concorrenza tra OICVM a livello comunitario e garantire agli investitori una protezione efficace e uniforme; veniva inoltre introdotto il principio del mutuo riconoscimento (una novità, all'epoca, per il settore finanziario). Tuttavia, come indicato nel Piano d'azione della Commissione per il mercato unico, approvato dal Consiglio europeo nel giugno 1997, il settore degli organismi di investimento collettivo è una delle aree dei servizi finanziari nei quali il mercato unico permane incompleto. Ai fini del completamento del mercato unico in questo settore, il Piano d'azione ha posto in rilievo la necessità di armonizzare le norme di accesso al mercato e le condizioni operative, per garantire condizioni di concorrenza uniformi per il settore dei servizi finanziari, estendendo i vantaggi del mercato unico ad altri tipi di organismi di investimento collettivo e preservando nel contempo un livello minimo uniforme di protezione degli investitori.
È in questa direzione che muovono le direttive 107/2001 (che verte principalmente sul "prestatore di servizi", cioè la società

di gestione, e sui prospetti) e 108/2001 (che è incentrata essenzialmente sul "prodotto", i tipi di fondi di investimento).

Le due direttive (che i Paesi membri sono tenuti a ratificare entro il 13/08/2003 e applicare entro il 13/02/2004) estendono la libertà di commercializzazione in tutta l'UE agli organismi di investimento collettivo che investono in attività finanziarie diverse dai valori mobiliari quotati, quali quote di altri organismi di investimento collettivo, strumenti del mercato monetario, depositi bancari e strumenti finanziari derivati; vengono inoltre resi più elastici i limiti alla detenzione di liquidità e, per gli OICVM che abbiano come obiettivo la riproduzione di indici, alla concentrazione dei rischi. Sarà così possibile istituire nuovi tipi di fondi armonizzati, come fondi di fondi, fondi di liquidità, cash funds o fondi indicizzati. Tra le altre previsioni, quella di un ampliamento delle attività delle società di gestione, che potranno gestire anche il patrimonio dei fondi pensione e occuparsi di gestioni patrimoniali individuali; mediante l'armonizzazione delle norme relative al rilascio delle autorizzazioni e alla vigilanza prudenziale, viene introdotto per tali operatori un "passaporto europeo", prevenendo, nel contempo, la "scelta speculativa dei sistemi di vigilanza" ed assoggettando a vigilanza anche le controllate delle società di gestione, che, pertanto, devono aver sede in uno Stato membro.

È prevista altresì l'introduzione di un prospetto armonizzato e semplificato più adatto a proteggere gli investitori e a semplificare il cross-marketing tra i Paesi membri.

La performance dei fondi comuni

L'interesse principale di chi ha sottoscritto un fondo di investimento è quello di conoscere di quanto sia cresciuta la propria ricchezza, per cui l'espressione di un giudizio sulla qualità di una gestione di portafogli non può che avere come punto di riferimento la performance.

La performance complessiva di un patrimonio mobiliare è data dall'incremento di valore del medesimo, in un determinato periodo di tempo, derivante dai redditi conseguiti sugli investimenti effettuati, al netto degli oneri di varia natura posti a carico del patrimonio stesso. La valutazione della performance di un fondo comune di investimento richiede l'analisi congiunta di due elementi: il rendimento ottenuto e il rischio che l'investimento comporta. È necessario che l'analisi venga condotta in quest'ottica bidimensionale poiché tra rendimento e rischio esiste una relazione diretta, vale a dire che il gestore può ottenere rendimenti via via più elevati incrementando progressivamente il livello di rischiosità del portafoglio gestito, ma aumentando d'altra parte anche la possibilità di incorrere in perdite sempre più consistenti.

Emerge, dunque, un trade-off tra queste due misure, dato che il rendimento rappresenta una componente che il risparmiatore cerca di massimizzare mentre il rischio è, all'opposto, un elemento che gli agenti economici cercano di minimizzare.

Gli strumenti utilizzati per valutare i risultati conseguiti dai vari fondi sono rappresentati da una serie di misure o indici denominati risk-adjusted performance (RAP), la cui particolarità è appunto quella considerare sia il rendimento conseguito che il livello di rischio assunto. Da decenni al centro dell'interesse degli analisti finanziari, la problematica della valutazione della performance ha assunto negli ultimi tempi una nuova e maggiore importanza sia quale elemento di trasparenza nel rapporto tra investitore e gestore, sia nell'ottica di un corretto confronto, su scala nazionale e internazionale, tra gli operatori del settore e tra i loro prodotti. Si è così giunti alla definizione di Standard Globali per la Presentazione della Performance (GIPS, Global Investment Performance Standards), che si propongono di essere regole di misurazione e di presentazione delle performance consolidate e riconosciute in tutto il mondo, a beneficio sia dei gestori che dei loro clienti .

L'adesione dei gestori agli standard (che è volontaria, ma permette di fregiarsi di un marchio di conformità sicuramente apprezzato dalla comunità finanziaria) consentirà ai risparmiatori e agli investitori istituzionali di disporre di informazioni relative alle performance complete e presentate in maniera veritiera.

I gestori dei Paesi con standard di presentazione minimi potranno competere ad armi pari con quelli dei Paesi con degli standard più evoluti. Questi ultimi sapranno di poter essere paragonati con le imprese locali in maniera equa, quando si troveranno a competere in Paesi dove non erano, in precedenza, adottati gli standard di presentazione.

Il rendimento

Sebbene non possa essere considerato, come accennato, elemento esclusivo di definizione della performance di un portafoglio, il rendimento rappresenta il punto di partenza ai fini di tale valutazione. Il calcolo dell'indice di rendimento è particolarmente semplice qualora nel corso del periodo considerato non si verifichi alcun flusso di cassa che vada a incrementare o a diminuire l'ammontare del capitale investito. In tal caso, supponendo che tutti i proventi DT ricevuti a titolo di remunerazione del capitale inizialmente investito V0 siano percepiti alla fine del periodo, l'indice di rendimento è determinato univocamente come:

$$R = \frac{VT + DT}{V0} - 1$$

dove:
- VT è il valore finale del capitale, ovvero V0 corretto per le eventuali plusvalenze o minusvalenze intervenute fra le date t = 0 e t = T.

Qualora il periodo preso in considerazione sia diverso dall'anno solare, è opportuno esprimere l'indice così ottenuto su base annua; ciò diventa, ovviamente, indispensabile ai fini del confronto tra misure del rendimento riferite a periodi di diversa durata.
Tuttavia, l'ipotesi di assenza di flussi in entrata e in uscita nel periodo considerato ai fini del calcolo del rendimento è del tutto irrealistica: se si prende in considerazione il patrimonio complessivo del fondo, questo è continuamente soggetto alla movimentazione legata alla sottoscrizione e al rimborso di quote, al prelievo fiscale, all'eventuale distribuzione di proventi.

Il metodo Time Weighted

Esistono delle tecniche di valutazione che considerano esplicitamente i flussi di cassa. Con il metodo del "tasso di rendimento ponderato per il periodo di riferimento" - time weighted rate of return, TWRR - si calcolano i rendimenti di tutti gli intervalli di tempo compresi tra due flussi di cassa successivi e si capitalizzano i risultati sul periodo complessivo di riferimento.

Il tasso di rendimento è dato da:

$$TWRR = \prod_{i=1}^{n}\left[1 + r_{(i-1,i)}\right] - 1 = (1 + r_{1,2}) \cdot (1 + r_{2,3}) \cdot ... \cdot (1 + r_{n-1,n}) - 1$$

dove:
- r 1,2 , r 2,3 , . r n-1 , n sono i tassi di rendimento dei sottoperiodi (1, 2), (2, 3), . , (n-1, n) delimitati da flussi di cassa, siano essi in entrata o in uscita.

Il rendimento complessivo così determinato non è influenzato dai flussi di cassa che si verificano nel periodo di riferimento perché il capitale investito è continuamente corretto per tener conto dei movimenti positivi o negativi di fondi. Il tasso riferito a ciascun sottoperiodo, che possiamo indicare come il generico ri, si ottiene rapportando il valore del patrimonio al termine del sottoperiodo, Vi, con quello alla fine del sottoperiodo precedente, Vi - 1, aumentato (o diminuito) del flusso Fi in entrata (o in uscita) verificatosi:

$$r\,i = Vi\,/\,(Vi - 1 + Fi\,)$$

dove F i può essere sia positivo sia negativo.

Il metodo TWRR è l'indice di rendimento standard indicato nelle linee guida GIPS (Global Investment Performance Standards) per i fondi comuni di investimento, in quanto consente un confronto delle performance realizzate da diversi fondi, fra di loro o con il rendimento di un benchmark, che non sia influenzato dalla dinamica della raccolta netta e, più in generale, di tutti i flussi di cassa che sono indipendenti dalle scelte di gestione.

Il metodo Money Weighted

Dal punto di vista del singolo cliente del fondo, il TWRR non è un indice appropriato qualora egli sia interessato a valutare il rendimento effettivo del proprio investimento in un fondo comune. E' necessario allora impiegare un indice che tenga adeguatamente conto degli apporti o delle sottrazioni di capitale che egli effettua nel corso del periodo di investimento.

Con il Money Weighted Rate of Return (MWRR) la ponderazione avviene rispetto al capitale medio impiegato, in primo piano è l'investitore e il tasso di rendimento riflette timing e rendimenti dei cash flow investiti. Questo indice considera non solo l'effetto del contributo apportato dal gestore, ma anche quello delle decisioni di investimento (o disinvestimento) del cliente in ragione del momento in cui hanno avuto luogo.

L'indice di rendimento viene in questo caso determinato rapportando l'incremento di patrimonio ottenuto nel periodo considerato, depurato dei flussi (investimenti e disinvestimenti), al patrimonio medio investito o giacenza media. Avremo perciò:

$$MWRR = \frac{V_T - V_0 - \sum_{i=1}^{n} F_i}{V}$$

dove:

- VT e V0 rappresentano il valore del patrimonio, rispettivamente, alla fine e all'inizio del periodo considerato.

- Fi la somma algebrica dei flussi (eventualmente negativa, se i disinvestimenti sono maggiori degli investimenti).

- V la giacenza media, calcolata ponderando ciascun flusso Fi in base al tempo che lo separa dalla fine del periodo considerato, cioè:

$$\overline{V} = V_0 + \sum_{i=1}^{n} \frac{T - t_{i-1}}{T} F_i$$

Diversamente dal TWRR, l'indice money weighted, che presuppone il regime di capitalizzazione semplice, non richiede che siano noti i valori del portafoglio gestito alle scadenze intermedie.

Pertanto, è intuitivo che i risultati che si ottengono applicando il primo piuttosto che il secondo indice siano tanto più diversi quanto più eterogenei sono i tassi di rendimento realizzati dal fondo nei vari sottoperiodi. Inoltre, la discrepanza aumenta con la misura in cui i flussi di cassa intermedi sono di entità disomogenea.

Una versione semplificata (quindi utilizzabile anche dall'investitore medio, ma spesso criticata dagli operatori perché fornirebbe risultati troppo approssimati) di indice money weighted è quello calcolato dall'Ufficio Studi Mediobanca (indice USM) nel rapporto annualmente redatto sui bilanci di organismi di gestione del risparmio operanti in Italia. L'indice USM, calcolato sui dati di bilancio aggregati, è costruito come il rapporto tra l'utile netto aggregato UN dell'anno di riferimento e il patrimonio medio, calcolato come media aritmetica del patrimonio V a inizio (V0) e fine anno (VT), quest'ultimo depurato dell'utile netto, cioè:

$$R_{USB} = \frac{UN}{\frac{1}{2}(V_0 + V_T - UN)}$$

Quindi non è possibile definire un indice come il migliore in tutti i sensi, prescindendo dalle finalità specifiche.

In particolare l'indice di rendimento time-weighted (dei rendimenti giornalieri, o delle quote) è adeguato al fine di confrontare il rendimento di un fondo con il rendimento del benchmark, prescindendo dall'effetto dei volumi investiti; l'indice money- weighted lineare consente di misurare appropriatamente il rendimento di periodo, tenendo conto delle movimentazioni, nella logica del tasso interno.

Un rapporto informativo sulla situazione dell'investimento dovrebbe utilizzare entrambe le logiche di misurazione del rendimento: l'indice time-weighted per dare all'investitore una misura assoluta dell'abilità del gestore; l'indice money-weighted per valutare gli effetti del tempismo (entrate e uscite dall'investimento) sul rendimento prodotto.

Il rischio

Il calcolo del rendimento è solo una delle fasi della procedura di valutazione della performance degli investimenti.

Nella prassi gestionale, il processo di valutazione è profondamente cambiato negli ultimi decenni; rifondato sulla moderna teoria del portafoglio, da semplice calcolo di rendimento è diventato una complessa "misurazione congiunta" di rischio e di rendimento.

Anche a livello normativo il rischio ha assunto un'importanza sempre maggiore quale elemento di trasparenza e informativa sulle caratteristiche dei prodotti finanziari, nell'ambito di un corretto processo di comunicazione tra operatore e cliente. La delibera Consob n. 10943 del 30 settembre 1997 non si limita a imporre l'obbligo, per l'intermediario, di chiedere all'investitore la sua propensione al rischio (art. 5, comma 1, lett. a), ma ribadisce che "gli intermediari autorizzati non possono effettuare operazioni o prestare il servizio di gestione se non dopo aver fornito all'investitore informazioni adeguate sulla natura, sui rischi e sulle implicazioni della specifica operazione o del servizio, la cui conoscenza sia necessaria per effettuare consapevoli scelte di investimento o disinvestimento" (art.5, comma 2). Viene inoltre introdotto l'obbligo di consegnare agli investitori il "documento sui rischi generali degli investimenti" (art.5, comma 1, let.c). Relativamente ai fondi comuni, sia il Regolamento di gestione che il Prospetto informativo illustrano i principali fattori di rischio che l'investimento comporta.

La valutazione del rischio di un investimento finanziario non è così immediata come può sembrare a una prima analisi.

È intuitivo definire il rischio come la probabilità che il rendimento futuro di un investimento risulti, ex-post, minore di quello atteso, ma non è altrettanto semplice quantificare una misura adatta allo scopo.

Il rischio di un fondo d'investimento (che si può percepire con immediatezza rilevando, quotidianamente, il valore delle quote) è concepibile come l'incertezza legata alla realizzazione di un dato rendimento e l'incertezza è generalmente collegata al concetto di variabilità o volatilità.

- La standard deviation (o deviazione standard o scarto quadratico medio) misura tale variabilità o volatilità dei rendimenti conseguiti dal fondo durante il periodo di riferimento (evaluation period), fornendo un'indicazione sulla dispersione dei risultati prodotti intorno al rendimento medio aritmetico.

E' indicata in genere con s e si calcola con la seguente espressione:

$$\sigma(R_i) = \sqrt{\frac{\sum_{i=1}^{n}(R_i - \overline{R})^2}{n}}$$

dove:
- R è il rendimento medio del fondo durante l'evaluation period.
- Ri è il rendimento dei sottoperiodi i = 1, 2, ., n.
- N indica il numero di sottoperiodi all'interno dell'evaluation period.

Il radicando dell'espressione sopra riportata viene denominato varianza, si indica in genere con σ^2, e spesso è utilizzato come misura di rischio in modo analogo alla deviazione standard .
Accanto alla tradizionale misura della volatilità dei rendimenti è possibile utilizzare misure che tengano conto della diversa percezione da parte dell'investitore delle variazioni negative rispetto a quelle positive.

In questa ottica si colloca la downside deviation, la quale considera come rilevanti solo i rendimenti inferiori a un determinato tasso obiettivo, che possiamo indicare con r*.
Analiticamente si ha:

$$DD = \sqrt{\frac{\sum_{i-1}^{n}(\Delta_i)^2}{n-1}} \qquad con:$$

$$\Delta_i = r_i^* - R_i \qquad se \; R_i < r_j^*$$

$$\Delta_i = 0 \qquad se \; R_i > r_j^*$$

Una terza possibilità è costituita dal cosiddetto "indicatore di shortfall", vale a dire della frequenza con cui i rendimenti scendono al di sotto di una certa soglia.
Tale definizione ignora l'ammontare della perdita per concentrarsi sulla probabilità di avere un rendimento inferiore a un certo obiettivo. La moderna teoria del portafoglio sostiene che il rischio maggiormente rilevante che deve essere considerato e per il quale l'investitore viene compensato non è quello complessivo, misurato tramite la standard deviation, ma quello sistematico o di mercato, rappresentato dal coefficiente denominato beta, che evidenzia la sensibilità del fondo rispetto ai movimenti di mercato.
Il rischio sistematico costituisce quella parte di rischio non diversificabile di un portafoglio e quindi rappresenta la componente di rischiosità che un potenziale sottoscrittore di un fondo comune dovrebbe maggiormente considerare, dato che uno dei fattori che rendono preferibile un fondo rispetto ad altre attività finanziarie è proprio la riduzione del rischio ottenibile attraverso la diversificazione.

94

Il beta viene utilizzato per misurare la sensibilità dei rendimenti di un asset (titolo o fondo) in relazione al mercato (o a un benchmark) e viene espresso dalla seguente formula:

$$\beta = \sigma_{PK,M} / \sigma^2_M = Cov(R_{PK}, R_M) / \sigma^2_M$$

nella quale:

- σ PK,M rappresenta la covarianza tra i rendimenti del fondo e i rendimenti del mercato.
- σ^2 M costituisce la varianza dei rendimenti del mercato.

Come si è detto può anche essere calcolato un beta nei confronti non del mercato ma di un appropriato benchmark. In tal caso si dovrà utilizzare una misura della covarianza tra i rendimenti del fondo e del benchmark e una della varianza del benchmark. Analogamente a quanto avviene con la deviazione standard, maggiore risulta il beta di un fondo maggiore è il rischio sopportato.

L'alfa di Jensen

Nel 1968 l'economista Michael Jensen sviluppò una misura risk- adjusted performance al fine di analizzare l'abilità del gestore di un fondo di investimento di prevedere i prezzi futuri delle attività finanziarie e quindi che consentisse di determinare la capacità di quest'ultimo di selezionare i titoli sottovalutati. Tale misura, comunemente denominata alfa di Jensen (a) è, infatti, definita come il rendimento incrementale o extrarendimento che un fondo di investimento ha prodotto rispetto alla redditività che avrebbe dovuto offrire sulla base del suo livello di rischio sistematico, misurato dal b.

Analiticamente:

$$a\ PK = R\ PK - R\ CAPM$$

dove:

- R PK è il rendimento medio del fondo nel periodo considerato.
- R CAPM = R f + b PK · (R BENCHMARK - R f) è il rendimento che il fondo avrebbe dovuto offrire in base al proprio livello di rischio di mercato, nell'ambito del CAPM.
- R f è il rendimento medio dell'attività priva di rischio.
- R BENCHMARK è il rendimento medio del benchmark (o del mercato, a seconda del tipo di confronto che ci interessa).
- b PK è la misura di rischio sistematico o di mercato del fondo di investimento.

I prodotti gestiti che presentano valori significativamente positivi nel tempo dell'alfa di Jensen (che può essere espresso in termini percentuali, risultando quindi di facile comprensione) sono riusciti "a battere il mercato", cioè hanno prodotto un rendimento superiore a quello atteso in base al rischio sistematico assunto.

Tale extra-rendimento è stato determinato dalla capacità del money manager di posizionarsi con maggior peso sui titoli sottovalutati che compongono il benchmark da un lato, e dall'altro di ridurre l'esposizione verso le attività sopravvalutate. Discorso opposto per i fondi di investimento caratterizzati da valori significativamente negativi nel tempo dell'alfa, i cui gestori non si sono dimostrati particolarmente abili nelle scelte relative alla composizione del portafoglio.

I sistemi di rating di Morningstar e Micropal

La Morningstar, società americana indipendente che si occupa di valutazione dei prodotti dell'industria del risparmio gestito, ha sviluppato un sistema di rating basato su una misura denominata "risk-adjusted" rating (RAR). Ogni fondo di investimento viene collocato e valutato all'interno di una categoria che svolge la funzione di parametro di riferimento, costruita non sulla base di benchmark generici, come quelli dichiarati nei prospetti informativi, ma della specifica composizione dei portafogli gestiti. Il risk-adjusted rating di un fondo (RAR) appartenente a una determinata categoria è determinato sottraendo una misura di rischio relativo (RRisk) a una di rendimento relativo (RRe t):

$$RAR = RRe\ t - RRisk$$

Ciascuna misura relativa è calcolata rapportando la corrispondente misura del fondo per quella del relativo gruppo di appartenenza.
Sulla base della misura RAR risultante dal procedimento descritto, Morningstar stila la propria classifica dei fondi all'interno del gruppo di appartenenza assegnando delle stelle .
Analogo lo star rating della Micropal, altra società di valutazione dei fondi comuni, costruito sulla base della seguente misura RAP:

$$MI = \frac{R - Rcat}{\sigma(Rt - Rcat(t))}$$

dove:

- **R** e **Rcat** rappresentano il rendimento medio, rispettivamente, del fondo e della categoria di appartenenza del fondo.

- $\sigma(Rt - R\ cat(t))$ è la deviazione standard della differenza di rendimento tra il fondo e la media della categoria.

L'indice Micropal risulta simile a quello sviluppato da Sharpe, datoche entrambi rapportano una misura di excess return a una dirischio.

La particolarità dell'indice Micropal è quella di determinare sia rendimento differenziale sia rischio differenziale rispetto ad una misura media della categoria.

Il VaR e il benchmark-var

Nate dall'esigenza dei trader professionali di mantenere sotto controllo costantemente le diverse posizioni assunte, le metodologie di value at risk sono oramai studiate e utilizzate dagli operatori finanziari anche con riferimento ai problemi di gestione del portafoglio. Definiamo value-at-risk la stima della massima perdita potenziale attesa, con un certo grado di probabilità, in un arco temporale definito. Essa misura il rischio massimo esistentesu una posizione esposta all'instabilità di una o più variabili finanziarie.

- Più che al VaR classico, nelle gestioni di portafoglio si fa ricorso a un value at risk "relativo", mediante il confronto con un portafoglio benchmark: il Benchmark-VaR è, appunto, la stima del massimo scostamento del rendimento atteso tra un portafoglio (Vt), e il suo benchmark (Bt), per un dato livello di confidenza e per un certo orizzonte temporale.

Il VaR adotta un holding period di brevissimo periodo, solitamente da uno a dieci giorni, poiché al soggetto economico interessa conoscere la perdita massima probabile nell'immediato futuro.

Il BmVaR dovrebbe adottare un holding period di medio periodo. Infatti, il gestore non è interessato a conoscere il massimo scostamento a un giorno, poiché lo scostamento non è di per sé una perdita. Al gestore interessa sapere quale potrà essere loscostamento massimo nel momento in cui vengono resi noti congiuntamente i risultati della gestione e del suo benchmark, ovvero nelle scadenze in cui si formalizzano giudizi sulla gestionestessa.

Tra i limiti dell'approccio VaR, quello di non misurare il rischio di liquidità, la non utilizzabilità su orizzonti temporali medio-lunghi eil difficile e costoso processo di implementazione.

101

L'indice sintetico Prometeia

Accanto agli indici qui riportati esistono metodi che si basano sull'aggregazione di più criteri e forniscono indicazioni di valutazione globale della performance dei portafogli. L'utilizzo di un multicriterio per la valutazione della performance di un insieme di fondi comuni di investimento porta a risultati che risentono in modo significativo dei pesi attribuiti ai singoli criteri. Un esempio è rappresentato dall'indice sintetico di valutazione Prometeia, basato su una ponderazione flessibile di sei misure relative a un portafoglio gestito:
1. misure di rendimento.
2. misure di rischio.
3. misure di risk adjusted performance.
4. misure relative al benchmark.
5. misure di style effect.
6. misure di persistenza dei risultati conseguiti.

L'indice è stato pensato per fornire una classificazione di supporto nella scelta di differenti portafogli gestiti in un ambito di investimento in fondi. Di conseguenza le misure presentate vengono pesate in maniera differente a seconda dell'utilizzo della classificazione che si va a fare, in modo da dare maggiore importanza relativa a misure più rispondenti all'orizzonte temporale dell'investimento e al rischio di portafoglio che si è disposti ad assumere.

Per ognuna delle misure scelte viene fatta una classifica poi trasposta linearmente in uno spazio 0 - 100.

I punteggi, ponderati in base al peso che si decide di attribuire alle singole misure, confluiscono nell'indice sintetico e ne risulta una misura normalizzata che attribuisce a ogni fondo un punteggio su scala percentuale.

La performance attribution

La tipologia e il mix di strumenti finanziari accolti nel portafoglio dei fondi comuni possono variare sensibilmente a seconda degli specifici obiettivi che vengono perseguiti nella gestione, a loro volta definiti sulla base delle esigenze dei risparmiatori ai quali il fondo è destinato. Un'approfondita analisi della performance non può limitarsi a quantificare i livelli di rischio e rendimento, ma deve spingersi fino all'individuazione delle componenti dei risultati conseguiti e dell'approccio all'investimento del money manager.

Lo svolgimento di questo tipo di indagine parte dalla conoscenza delle fasi in cui si articola l'attività di asset management e dei criteri che guidano le scelte dei soggetti competenti, allo scopo di individuare il contributo che ciascuna fase (e ciascun soggetto) hanno dato alla performance ottenuta.

La performance attribution (o return attribution) è una metodologia empirica che consente di scomporre il rendimento complessivo di un fondo in singole componenti autonomamente identificabili nel processo di gestione di un portafoglio .

Tale processo si articola in tre attività principali:

1. **Asset allocation strategica**: il gestore definisce il grado di specializzazione/diversificazione del portafoglio, il livello strutturale di rischio/liquidità e le aree in cui il fondo dovrà investire, suddividendo il patrimonio fra tipologie di titoli (azioni, obbligazioni, liquidità), aree geografiche e settori merceologici sulla base dell'orizzonte temporale prescelto, dei rendimenti attesi, del livello di rischio e delle correlazioni tra le diverse tipologie di strumenti finanziari.

2. **Asset allocation tattica** (market timing): vengono sovrappesate o sottopesate le classi di attività rispetto ai pesi normali definiti nella fase precedente, al fine di migliorare il profilo di rischio-rendimento del portafoglio gestito, cercando di anticipare i

cambiamenti nelle variabili macroeconomiche.

3. **Stock picking o security selection**: sono favoriti alcuni titoli a discapito di altri, nell'ambito del peso complessivo del portafoglio destinato a un certo mercato, attraverso vari modelli di analisi tecnica e analisi fondamentale suisingoli titoli.

Gli indirizzi strategici (asset allocation strategica) sono descritti nelle norme del Regolamento del fondo che ne definiscono la tipologia e gli obiettivi generali e che stabiliscono una serie di divieti e di limiti massimi da rispettare nella composizione degli investimenti; un'indicazione più dettagliata che in passato è contenuta nello schema di Prospetto informativo introdotto dal 2002 che, oltre alla descrizione delle finalità dell'investimento (poste in diretta correlazione con l'orizzonte temporale consigliato) e del grado di rischio, illustra la politica di investimento (mercati coperti dal gestore, strumenti finanziari sui quali si investe, stile di investimento adottato).

Market timing e stock picking

Se le scelte di asset allocation riguardano qualunque gestione di portafoglio, che a seguito di esse viene inquadrata in una determinata categoria di riferimento e, quindi, collegata a un portafoglio benchmark, quelle di stock picking (o selectivity, o security selection) e di market timing sono peculiari di una gestione attiva, che voglia sovraperformare gli indici di riferimento (e i concorrenti) facendo affidamento su una migliore qualità (e tempestività) del processo decisionale. Gli studi di Fama hanno fornito le basi analitiche per una più dettagliata analisi dei risultati ottenuti dalla gestione del portafoglio, riconducendo la capacità dei gestori del fondo di ottenere risultati migliori di quelli del portafoglio di riferimento a queste due componenti.

- La strategia attiva di market timing ha come scopo la composizione del portafoglio (in termini di classi di attività) in sintonia con le previsioni sulla tendenza del mercato allo scopo di sfruttare a proprio vantaggio le aspettative di inversione (o continuazione) della tendenza congiunturale.

- Il successo dipende dall'abilità del manager di elaborare le informazioni correnti (timing information) individuando i fattori che influenzano l'andamento globale del valore degli asset.

Lo stock picking consiste nella selezione di titoli per i quali il gestore formula previsioni sull'evoluzione delle variabili rilevanti nella formazione del prezzo diverse da quelle scontate dal mercato. Il gestore segue tale approccio stimando una banda di oscillazione del "valore intrinseco" di ogni titolo, decidendo di intervenire in acquisto qualora i prezzi di mercato scendano sotto il limite inferiore della banda, e viceversa vendere a prezzi che oltrapassino l'estremo superiore.

Il successo di questa strategia dipende dalla "price discovery": il manager elabora micro-previsioni sull'andamento dei prezzi di mercato dei singoli titoli e sfrutta il grado più o meno forte di inefficienza del mercato per cui alcuni fattori sono quotati al di sopra (o al di sotto) del valore giustificato dal loro rischio sistematico. La qualità di queste ultime previsioni attesta la superiorità delle informazioni (selectivity information) del manager rispetto ad altri operatori.

La classificazione Assogestioni

Uno dei problemi di base connessi al tema della valutazione della performance è quello di suddividere i portafogli in categorie omogenee; tale esigenza si pone non solo "a posteriori", al fine di un corretto confronto tra i risultati ottenuti dai gestori professionali, ma anche nella fase antecedente la sottoscrizione dei prodotti di risparmio gestito, affinché siano chiare all'investitore le caratteristiche (rendimento atteso, livello di rischio, orizzonte temporale) di ciò che sta "acquistando".

Ormai da decenni, nella maggior parte dei Paesi industrializzati gli organismi di controllo e di vigilanza dei mercati finanziari o le associazioni delle società di gestione dei fondi hanno cura di elaborare e aggiornare una classificazione istituzionale dei fondi comuni d'investimento, col primario scopo di identificare le caratteristiche principali del portafoglio d'investimento di un fondo. In Italia Assogestioni ha classificato i fondi comuni di investimento, a partire dalla loro nascita, in relazione alla composizione delle attività finanziare prevalenti nel loro portafoglio secondo la tradizionale distinzione tra fondi azionari, bilanciati e fondi monetari.

La prima classificazione (1984), rispondente alle esigenze di un mercato finanziario ancora poco sviluppato e limitato nella possibilità di libera circolazione dei capitali, venne modificata in seguito alla liberalizzazione del mercato dei capitali in Europa e alla conseguente caduta dei limiti all'investimento sui mercati esteri che permise la nascita, nel 1989, dei primi fondi orientati all'investimento sui mercati internazionali. Nel 1994 divennero operative nuove categorie e una nuova griglia classificatoria dove furono indicate le caratteristiche principali degli investimenti nelle diverse tipologie di fondi.

In seguito ad alcune osservazioni sollevate dai risparmiatori e dalle società di gestione, la classificazione fu ulteriormente revisionata nel maggio del 1995, modificando i limiti di investimento delle categorie già esistenti, distinguendo i fondi in relazione alla maggiore specializzazione degli investimenti verso specifiche aree geografiche e valutarie e istituendo la categoria degli "Obbligazionari specializzati Italia breve termine" per i fondi che investivano in strumenti del mercato monetario.

L'avvio dell'unione monetaria nel gennaio 1999 determinò l'eliminazione delle categorie che avevano come riferimento le valute nazionali dell'U.M.E.; contestualmente fu innalzato al 70% il limite minimo di investimento in titoli azionari dei fondi azionari e furono introdotti i "Fondi di liquidità area euro" e "Flessibili".

L'elevato interesse verso i settori della cd. new economy portò all'introduzione, nell'aprile 2000, della nuova sotto categoria Nuove Tecnologie e Telecomunicazione (NTT), mentre dall'ottobre dello stesso anno i fondi bilanciati furono scissi in Bilanciati Azionari (azioni in portafoglio comprese tra il 50% e il 90%), Bilanciati (azioni in portafoglio comprese tra il 30% e il 70%) e Bilanciati Obbligazionari (azioni in portafoglio comprese tra il 10% e il 50%). Ulteriori modifiche sono state introdotte nel gennaio 2002, con l'abolizione della categoria Azionari internazionali NTT e l'istituzione delle nuove categorie azionarie "Azionari Paese" e "Azionari Settoriali".

Assogestioni, l'associazione di categoria delle Società di Gestione, ha elaborato una specifica classificazione con l'obiettivo di rendere trasparenti le caratteristiche principali del fondo e i principali fattori che impattano sulla rischiosità.

Il sistema di classificazione dei fondi di diritto italiano in vigore dal 1° luglio 2003 prevede 42 categorie e cinque macro categorie: Azionari, Bilanciati, Obbligazionari, Liquidità, Flessibili. Ogni macro categoria è caratterizzata da una percentuale minima e massima di investimento azionario.

Azionari

I fondi azionari investono almeno il 70% del proprio portafoglio in azioni; sono quindi fondi che investono esclusivamente, o comunque prevalentemente, in azioni. Rispetto a un investimento azionario i fondi garantiscono una diversificazione del portafoglio; in questo modo anziché comprare un basso numero di titoli azionari si comprano molti titoli di settori differenti così che i settori migliori bilancino i settori meno performanti.

I fondi inoltre investono in tutto il mondo, cosa molto più difficile per il semplice investitore. Con questa diversificazione entrano però in gioco altri fattori come il cambio dell'euro contro la moneta locale del titolo estero acquistato. Per guadagnare investendo in fondi azionari è di fondamentale importanza la scelta del fondo, fatta in base alla bravura del gestore.

Se andate nella vostra banca, sicuramente vi proporranno un fondo della stessa, ma sicuramente non è quello il miglior fondo che potreste trovare cercando e informandovi bene.

La scelta del fondo può determinare un buon guadagno o una brutta perdita a fronte di un mercato identico, quindi questa scelta è la parte più importante dell'investimento. Per vedere la bontà di un fondo si usa confrontare il fondo stesso con gli indici azioni, chiamati benchmark. Se ad esempio compriamo una quota di un fondo azionario basato su titoli principalmente italiani, prenderemo l'S&P MIB come benchmark e andremo a vedere se in un determinato periodo la performance del fondo è stata superiore o inferiore della performance dell'indice.

In caso positivo i gestori del fondo hanno fatto una buona selezione dei titoli presenti in portafoglio, in caso negativo i gestori sono stati molto scadenti in quanto hanno scelto principalmente i titoli peggiori.

Battere il benchmark non è però l'obbiettivo finale del fondo, ma è la condizione minima di un fondo, altrimenti non ci sarebbe utilità nell'investimento in questo genere di prodotto.

Un investimento in fondo azionario deve essere effettuato con un'ottica di lungo periodo (circa 10 anni) per essere sfruttato al meglio.

Esistono vari tipi di fondi azionari:

- Fondi azionari specializzati per area geografica (fondi azionari Italia, fondi azionari area euro, fondi azionari Europa, fondi azionari America, fondi azionari Giappone, fondi azionari Asia, fondi azionari Paesi Emergenti, fondi azionari internazionali o fondi azionari globali).
- Fondi azionari settoriali: sono fondi specializzati in un certo settore dell'economia. I più diffusi sono fondi azionari su industria, servizi, energia, finanza, tecnologia.
- Fondi comuni specializzati sulle aziende con certe dimensioni (fondi small caps o fondi PMI, fondi blue chips).
- Fondi comuni a gestione attiva e a gestione passiva: i fondi a gestione passiva mirano a replicare l'andamento di un indice di borsa o di un benchmark, i fondi a gestione attiva mirano a far meglio dell'indice di riferimento. Anche se tutti i fondi azionari dichiarano di essere a gestione attiva, molti di loro nei fatti sono a gestione passiva.

Per capire se, nei fatti, un fondo è a gestione attiva o passiva basta confrontare la performance annua del fondo con la performance annua del benchmark per un periodo di 7 -10 anni.

111

Bilanciati

I fondi bilanciati investono in azioni per importi che vanno dal 10% al 90% del portafoglio.

I fondi comuni bilanciati, come i fondi flessibili, investono una parte in azioni e una parte in obbligazioni. In questo caso però la percentuale di azioni e di obbligazioni è precedentemente prefissata nel regolamento del fondo e non può variare. Più è alta la percentuale azionaria e più aumenta il rischio e il possibile rendimento, viceversa più è alta la componente obbligazionaria e minore sarà il rischio e il possibile guadagno.

Con i fondi comuni bilanciati si abbassa "influenza della bravura dei gestori rispetto ai fondi comuni flessibili, in quanto in questo caso si devono limitare solo a selezionare azioni e obbligazioni.

- Bilanciati azionari
- Bilanciati
- Bilanciati obbligazionari

Obbligazionari

I fondi obbligazionari non possono investire in azioni, con l'eccezione dei fondi obbligazionari misti che possono investire da 0% al 20% del portafoglio in azioni. I fondi comuni obbligazionari sono composti esclusivamente da obbligazioni. E' la tipologia meno rischiosa dopo i fondi monetari, ma il profitto è piuttosto limitato. Nei fondi comuni obbligazionari i gestori devono solo selezionare le obbligazioni e l'unico rischio per l'investitore è l'insolvenza delle obbligazioni che compongono il fondo.

Per chi ha un minimo di dimestichezza finanziaria sconsigliamo l'acquisto di quote di fondi obbligazionari in quanto il profitto è contenuto e a questo vengono sottratte anche le spese di ingresso e di gestione.

E' più consigliabile l'acquisto di obbligazioni in proprio dato che ilrischio non è molto elevato, così da poter approfittare del massimo profitto.

- Obbl. misti
- Obbl. area euro a breve, duration < 2 anni
- Obbl. area euro a m/l, duration > 2 anni
- Obbl. area Europa
- Obbl. area dllaro
- Obbl. area yen
- Obbl. Paesi emergenti
- Obbl. internazionali
- Obbl. altre specializzazioni

Fondi di Liquidità

I fondi di liquidità non possono investire in azioni.
I fondi comuni monetari, o di liquidità,sono in assoluto la tipologia di fondo meno rischiosa e meno remunerativa; il guadagno è leggermente superiore agli interessi di un qualsiasi conto bancario. I gestori di fondi monetari investono esclusivamente in titoli di stato oppure obbligazioni con scadenza inferiore a un anno.
Il rischio è praticamente nullo, quindi la capacità di gestori è inutile. Personalmente lo sconsigliamo perché essendo il rischio praticamente nullo chiunque può scegliere i titoli di stato ed è quindi inutile pagare commissioni di ingresso e di gestione a gestori che non devono avere particolari abilità.
Se siete orientati verso questo tipo d'investimento vi consigliamo di approfondire l'argomento Titolo di Stato.

Flessibili

I fondi flessibili non hanno vincoli di asset allocation azionaria, cioè possono decidere di investire in azioni dallo 0% al 100%. I fondi comuni flessibili investono in azioni e obbligazioni contemporaneamente. La percentuale di azioni e obbligazioni non è prefissata, ma può variare in qualsiasi momento a piacimento dei gestori del fondo. In questo modo, in fase di mercato molto positivo i gestori possono aumentare l'incidenza azionaria, componendo il fondo con 90% azioni e 10% obbligazioni, mentre in caso di mercato negativo possono invertire la composizione portando al 10% le azioni e al 90% le obbligazioni. Con questo genere di fondo è di fondamentale importanza la bravura dei gestori nella previsione dell'andamento del mercato. Se i gestori lavorano bene la performance dovrebbe essere migliore in confronto al semplice investimento azionario o alla performance delle altre tipologie di fondo.

La stessa Assogestioni ha sottolineato come la classificazione costituisca unicamente "un sistema standardizzato di informazione al sottoscrittore, utile a identificare essenzialmente il principale fattore di rischio che caratterizza l'investimento" ribadendone, così, il limitato valore informativo quale indicatore globale del profilo rischio/rendimento.

Fondi di Fondi

Sono fondi comuni il cui portafoglio è costituito non da titoli, ma da quote di altri fondi. La diversificazione è la caratteristica principale di questa tipologia di fondi la cui gestione è incentrata sulla scelta dei fondi da inserire in portafoglio (di solito 25-30).

Potendo investire anche in quote di hedge funds, i fondi di fondi costituiscono per il piccolo risparmiatore un accesso diretto a questi ultimi, spesso loro preclusi a causa dell'elevata soglia di patrimonio in entrata. Per i gestori dei fondi è così possibile anche investire anche in quote di altri fondi, sia fondi aperti sia fondi chiusi, a patto però che la politica di gestione di questi fondi sia compatibile con quella del fondo che li deve inglobare. L'operazione può essere interessante, per il gestore, quando riguarda prodotti molto specializzati. Se per esempio ha deciso di investire una piccola parte del patrimonio del fondo nelle Borse dell'Estremo Oriente, ma non vuole sobbarcarsi i costi dell'analisi in proprio e della selezione dei titoli, può semplicemente sottoscrivere un fondo specializzato in quell'area, che ha già dato una buona prova del proprio andamento.

Anche qui ci sono dei limiti:

- per le quote dei fondi chiusi valgono quelli già elencati a proposito dei normali valori mobiliari.
- per i fondi aperti, le loro quote non possono rappresentare più del 5% del patrimonio del fondo.

Questa estrema prudenza è dettata dall'esperienza del passato, quando alcune colossali truffe ai danni dei risparmiatori sono state organizzate proprio con il fondo di fondi: la stessa società continuava a sfornare prodotti, ognuno che investiva nelle attività dell'altro, generando commissioni su commissioni a beneficio solo dei promotori.

In poche parole se un fondo investe in quote di un altro fondo, chea sua volta è investito in quote di altri fondi, tutti della stessa società di gestione, e se a ogni passaggio la società di gestione incamera le spese di sottoscrizione, il risparmiatore che è cliente del fondo in cima alla piramide si ritrova a pagare tra volte la stessa cosa.

Lo svantaggio dei fondi di fondi deriva quindi essenzialmente dai costi che il sottoscrittore sopporta: infatti, oltre alle commissioni di

ingresso nel fondo di fondi, l'investitore paga o rischia di pagare commissioni di gestione sia al fondo di fondi, sia ai singoli fondi comuni in cui investe il fondo di fondi.

Si pone inoltre un significativo problema di trasparenza degli investimenti, potendo non essere chiara, talvolta, l'esatta destinazione economica delle somme investite.

PAC - Piani di accumulo

Una strategia di investimento in fondi è quella del PAC, cioè l'entrata nei fondi a piccoli passi.
Due le molle per imboccare questa strada:
- Non avere subito a disposizione un capitale cospicuo da impiegare, ma sapere di poterlo accumulare nel tempo.
- Aver capito che tanti piccoli versamenti, invece di uno solo grande, possono essere convenienti per mediare il prezzo di acquisto.

Il PAC è un modo di sottoscrivere un fondo comune, impegnandosi a versare una certa cifra con una certa periodicitàper un certo numero di anni.
Si può sottoscrivere un PAC, per esempio, da 500 € al mese per dieci anni: alla fine saranno versati nelle casse del fondo 30.000 €. Con quale risultato? Dipende ovviamente da quanto è stato bravo nei dieci anni il gestore del fondo.
Ma il rendimento globale ottenuto può essere anche molto migliore di quello che si sarebbe raggiunto investendo tutti i 30.000 € subito.
Se per esempio il versamento in un'unica soluzione in un prodotto azionario fosse avvenuto in una fase di supervalutazione delle azioni, anche le quote del fondo sarebbero state comprate a caro prezzo, compromettendo così l'intero investimento.
Se invece in quella stessa data il primo investimento fosse stato di 500 €, allora solo le quote corrispondenti a quella cifra vengono sottoscritte a caro prezzo e ogni versamento successivo avverrà a prezzi diversi, più o meno convenienti.
Il PAC è anche un mezzo comodo per accumulare risparmio.
Per avviarlo è consigliabile dare alla propria banca un ordine di bonifico permanente a favore della società di gestione del fondo prescelto: automaticamente, ogni mese, la rata del PAC verrà trasferita nelle casse del fondo.

Lo stile di investimento

La differenza fra le scelte di investimento dei gestori può portare a confronti fra portafogli finanziari gestiti non effettivamentecomparabili e, di conseguenza, a distorsioni nelle valutazioni.

I continui perfezionamenti dei criteri di classificazione e la stessa indicazione (obbligatoria, dal luglio 2000) del benchmark hanno sicuramente ridotto le possibili alterazioni, ma non consentono di superare del tutto i problemi legati ai diversi stili di gestione.

In letteratura vengono proposti alcuni strumenti che permettono di analizzare i diversi stili, consentendo di giungere a gruppi di portafogli gestiti maggiormente omogenei, detti peer group e, di conseguenza, riducono al minimo i problemi di distorsione di valutazione. Il concetto di stile d'investimento ha fatto il suo ingresso nella comunità finanziaria statunitense negli anni '70, con particolare riguardo al mercato azionario (equity style), allorché gestori e analisti iniziarono a notare cluster (grappoli, gruppi) di portafogli con simili caratteristiche e performance. Tali dati riflettevano differenti filosofie riguardo ai fattori determinanti dei prezzi azionari: i portafogli di cluster diversi rispondevano, infatti, a diverse logiche d'investimento, esplicitamente adottate dai relativi manager. Oggi negli Usa lo stile di gestione è un fattore rilevante nelle scelte di investimento, mentre in Europa l'attenzione si concentra sulla diversificazione settoriale e geografica. Parte della spiegazione risiede nel fatto che non c'è una definizione univoca dello stile di investimento, né delladifferenza tra i titoli la cui presenza (o, meglio, prevalenza) in un portafoglio permetterebbe di qualificare un gestore come "interprete" di un determinato stile. Gli stili ai quali più frequentemente si fa riferimento, relativamente ai mercati azionari, prendono in considerazione le fasi del ciclo di vita delle aziende (growth e value) e la capitalizzazione (large e small cap). Tra gli strumenti che si fondano su tali basi, lo Style box di Morningstar, una matrice a nove riquadri che incrocia la strategia di investimento del fondo, cioè il suo investimento in titoli value, growth o blend (a metà tra i due), con la capitalizzazione di mercato degli holding di portafoglio. Nel 2002 Morningstar ha lanciato una famiglia di indici azionari (Fig. 3.6) basati sullo stile di gestione (individuato mediante lo Style box).

Fig. 3.6: Morningstar Style Index Family

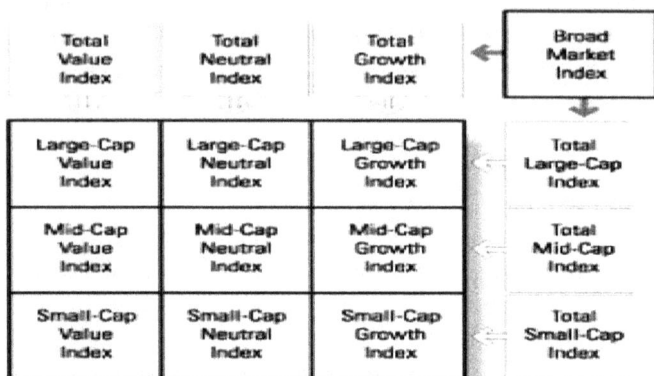

Total Value Index	Total Neutral Index	Total Growth Index	Broad Market Index
Large-Cap Value Index	Large-Cap Neutral Index	Large-Cap Growth Index	Total Large-Cap Index
Mid-Cap Value Index	Mid-Cap Neutral Index	Mid-Cap Growth Index	Total Mid-Cap Index
Small-Cap Value Index	Small-Cap Neutral Index	Small-Cap Growth Index	Total Small-Cap Index

Fonte: Morningstar Italy, www.morningstar.it

Gli indici, oltre a essere utilizzati come parametri di riferimento per i portafogli e per la misurazione delle performance, saranno dati in licenza alle istituzioni per la creazione di strumenti di investimento come fondi di investimento, ETF e derivati.
Le tabelle seguenti elencano alcuni stili di gestione e le loro principali caratteristiche:

Stili d'investimento per i mercati azionari

- VALUE: azioni sottovalutate rispetto al potenziale.

- GROWTH: azioni di aziende in forte espansione, con rendimenti attesi superiori rispetto alla media.

- CORE: azioni delle aziende più rappresentative del mercato (blue chips).

- MARKET ORIENTED: azioni di aziende con rendimenti interessanti, diffuse in tutti i settori.

- CORE MODERATE GROWTH: azioni di aziende rappresentative del mercato e con tendenza all'espansione.

- LARGE CAP GROWTH: azioni di società di ampia capitalizzazione e con buone prospettive di crescita.

- BOTTOM UP: azioni di aziende prescelte sulla base dei dati di bilancio.

- TOP DOWN: azioni di società prescelte in base a un'analisi di elementi macroeconomici e di settore.

121

Stili d'investimento per i mercati obbligazionari

- MARKET DYNAMICS SHORT: titoli del mercato obbligazionario a breve termine con rapida rotazione del portafoglio.

- SCENARIO APPROACH: titoli obbligazionari interessanti in base alle probabilità che si verifichi un certo scenario macroeconomico.

- ECONOMIC ENVIRONMENT: titoli obbligazionari scelti in base all'andamento atteso dell'economia.

- CORPORATE: obbligazioni emesse da aziende industriali, commerciali e finanziarie.

- SECTOR ROTATOR: emissioni di società appartenenti a settori economici specifici.

- HIGH GRADE GLOBAL: obbligazioni emesse da società con rating elevato, compreso tra AAA e A.

- BOTTOM UP CREDIT: titoli obbligazionari selezionati in base alla qualità dell'emittente attraverso analisi micro a livello di singola società.

Esistono due tipologie di analisi per identificare lo stile di gestione:
- l'analisi cosiddetta ad approccio analitico, basata su di uno studio puntuale della composizione del portafoglio in esame.
- l'analisi deduttiva basata sullo studio dei rendimenti realizzati dal fondo.

Il primo tipo di analisi ha il pregio dell'oggettività dei parametri che identificano lo stile di gestione, in quanto si fa riferimento a documenti ufficiali di rendicontazione che i gestori sono tenuti a fornire dall'autorità regolamentatrice. Tale caratteristica è anche causa del difetto principale dell'approccio analitico che, basandosi su dati forniti periodicamente dai gestori, rischia di fornire valutazioni inficiate da non tempestività e fenomeni di window dressing (il gestore potrebbe essere portato a ricalibrare opportunamente il suo portafoglio per vedersi attribuire uno stile di gestione differente da quello effettivamente perseguito). L'analisi deduttiva, invece, si basa sullo studio dei rendimenti (da cui l'appellativo di "return based", con cui si indica tale approccio) realizzati dal portafoglio gestito in un determinato arco temporale. Uno dei modelli più utilizzati nell'ambito di questa categoria di analisi è stato introdotto da Sharpe nel 1992, e si basa essenzialmente su di un'analisi di regressione dei rendimenti del portafoglio in esame.

Il Benchmark

L'art. 50, comma 2, del regolamento Consob n. 11522 del 1 luglio 1998, emanato in attuazione del TUIF, sancisce l'indicazione obbligatoria da parte delle SGR e delle SICAV nel prospetto informativo di "un parametro oggettivo di riferimento (benchmark), costruito facendo riferimento ad indicatori finanziari elaborati da soggetti terzi e di comune utilizzo, coerente con i rischi connessi alla gestione dell'OICR, al quale confrontare il rendimento dell'OICR stesso". Tale obbligo è entrato formalmente in vigore il 1 luglio 1999, a carico dei fondi di nuova istituzione, il 1 luglio 2000 per tutti gli altri. Le modalità di indicazione e di rappresentazione del benchmark all'interno del prospetto informativo sono previste nello schema di prospetto informativo n. 8 (n. 9 per le SICAV) allegato al Regolamento Consob n. 11971 del 14 maggio 1999, recante la disciplina sulla redazione dei prospetti informativi relativi alla sollecitazione all'investimento di quote o azioni di OICR, come modificato dalla delibera n. 13086 del 18/04/2001.

Nella Parte I, sezione B del prospetto informativo, occorre descrivere sinteticamente (punto 6) il benchmark adottato per ciascun fondo; il parametro dovrà essere conforme ai principi previsti dal Regolamento Consob n. 11522/98.

Qualora non sia possibile per uno o più fondi individuare un benchmark (ad esempio, per i fondi flessibili), occorre indicare le ragioni di tale impossibilità.

Inoltre (punto 5, sub f), nel descrivere lo stile gestionale, va indicata la relazione esistente tra parametro di riferimento prescelto e obiettivi del fondo. Quest'ultima indicazione (una novità del prospetto 2002) può dare un contributo davvero notevole in un'ottica di trasparenza e consapevolezza, da parte del risparmiatore, del prodotto sottoscritto, soprattutto se messa al centro del processo di comunicazione operatore/cliente che deve precedere l'investimento.

Nella Parte II, va illustrato (punto 1) con un grafico a barre il rendimento annuo del fondo e del benchmark nel corso degli ultimi 10 anni solari, evidenziando il migliore e peggiore rendimento trimestrale nel corso del periodo stesso.

Occorre inoltre evidenziare con un grafico lineare l'andamento del valore della quota del fondo e del benchmark nel corso dell'ultimo anno solare (inserendo l'avvertenza "I rendimenti passati non sono indicativi di quelli futuri") e riportare, su base annua, il rendimentomedio composto del fondo a confronto con il benchmark nel corso degli ultimi 3 e 5 anni solari.

Al fine di consentire un corretto confronto tra l'andamento del valore della quota e quello del benchmark riportati nel grafico a barre, nel grafico lineare e su base annuale a 3 e 5 anni (Fig. 4.1), occorre altresì evidenziare che la performance del fondo riflette oneri sullo stesso gravanti e non contabilizzati nell'andamento del benchmark, che può essere riportato al netto degli oneri fiscali vigenti applicabili al fondo.

Fig. 4.1: Confronto tra fondo e benchmark nel prospetto

Benchmark: 100% Merrill Lynch Italy Government Bill (Euro)

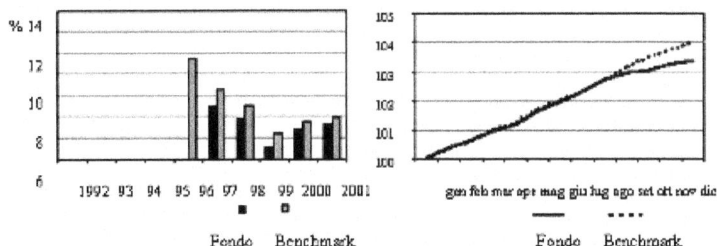

Rendimento annuo del Fondo e del Benchmark

Andamento del valore della quota del fondo e del Benchmark dell'anno 2001

1992 93 94 95 96 97 98 99 2000 2001

gen feb mar apr mag giu lug ago set ott nov dic

Fondo   Benchmark

Fondo   Benchmark

Fondo: migliore rendimento trimestrale 2,50%
peggiore rendimento trimestrale 0,18%

I rendimenti passati non sono indicativi di quelli futuri

	Rendimento medio annuo composto			
	Ultimi 3 anni solari	Ultimi 5 anni solari	Inizio collocamento	20/06/1996
			Durata del Fondo	31/12/2100
Fondo	2,425%	3,233%	Patrimonio netto al 28/12/2001 mln euro	195,3
Benchmark	3,322%	4,315%	Valore quota al 28/12/2001 (euro)	6,359

125

Si tratta della traduzione in criteri operativi dei principi in materia di informativa agli investitori di cui all'art. 62 del regolamento 11522/99, laddove richiede che "i dati sul rendimento percentuale dell'OICR comunque diffusi sono sempre confrontati con quelli del parametro oggettivo di riferimento".

Nella stessa ottica, "i rendimenti degli OICR italiani o esteri riportati negli annunci pubblicitari sono confrontati con i relativi benchmark. Ogni performance pubblicizzata deve essere accompagnata dall'esposizione del rendimento conseguito dal benchmark nel medesimo periodo di riferimento, al fine di permettere sempre all'investitore un agevole raffronto con il profilo di rischio/rendimento prescelto." Il Regolamento, nell'indicare gli oneri a carico del sottoscrittore e del fondo, qualora l'ammontare della provvigione di gestione sia correlato alla variazione registrata da un parametro di riferimento, deve riportare tale parametro, descrivendo in sintesi i relativi meccanismi di calcolo della commissione. Infine, il Documento sui soggetti che partecipano all'operazione, il cui contenuto integra quello del Prospetto, contiene una più analitica descrizione e ulteriori informazioni sugli indici che costituiscono i benchmark del fondo.

- Il benchmark è in primo luogo uno strumento di informazione sulla struttura del portafoglio detenuto inmedia dal fondo comune, e offre l'opportunità di una comunicazione oggettiva e trasparente tra chi gestisce e offre il fondo e il risparmiatore, poiché individua il profilo di rischio e le opportunità del mercato in cui tipicamente il fondo investe, assumendo il ruolo di linea guida e riferimento rispetto a tutto il processo di investimento.
- L'indicazione del benchmark rafforza il rapporto fiduciarioche è alla base della gestione del risparmio e permette un dialogo efficace tra l'investitore e il professionista che lo affianca, in quanto assicura che

la composizione del portafoglio rispecchi determinati criteri.

Tanto nelle gestioni individuali quanto in quelle collettive l'utilizzo di indicatori di rischio/performance consente, inoltre, di valutare l'operato del gestore. Il benchmark, come strumento di confronto tra il risultato della gestione e un parametro di riferimento ad hoc, nasce in ambito statunitense, dove la trasparenza nell'informazione finanziaria è sempre stata considerata un elemento imprescindibile. In Italia, il Testo Unico ha prescritto l'utilizzo di questi indicatori sia per le gestioni patrimoniali individuali sia per i fondi comuni di investimento e le SICAV. Proprio i Lavori preparatori al TUIF permettono di cogliere, in sintesi, gli obiettivi del legislatore mediante l'introduzione di tale strumento.
Il benchmark:

- Identifica il prodotto: si sintetizza in modo rigoroso ciò che altrimenti è poco definito.
- Misura la bravura del gestore ("performance attribution") che non può più fare riferimento al parametro "più comodo" per il confronto.
- Evidenzia il contributo dell'asset al location.
- Facilita i controlli dell'Autorità in materia di rispetto della parità di trattamento degli investitori: l'armonia (i rendimenti devono essere simili, a meno dell'effetto diversificazione) dei risultati sulle singole componenti di portafoglio è facilmente verificabile.
- Incentiva i gestori a cambiare lo "stile di gestione": più asset allocation e stock selection, meno market timing.
- Rende difficile l'uso di commissioni di performance "distorte", del tipo indice dei prezzi al consumo.
- Favorisce una maggiore concentrazione dell'industria: il gestore debole non ha coraggio di fare scelte forti contro ilbenchmark e tende a "appiattirsi" su di esso.
- Offre un punto di riferimento ex-ante per l'indicazione degli obiettivi del cliente e dunque delle strategie relative; si tratta di una fase indispensabile per fornire al gestore le linee guida essenziali (in questo senso è

anche il modo per seguire la regola fondamentale del "know your customer").

- Rappresenta uno strumento di marketing che consente al gestore di evidenziare di quanto "si allontani" dalla media di mercato e/o di prodotto.

Affinché un indice (o una combinazione di indici) possa essere validamente impiegato come benchmark, è auspicabile che possieda le seguenti caratteristiche:

1. Trasparenza: gli indici devono essere calcolati con regole replicabili autonomamente dall'investitore. Questo principio permette di anticipare i periodici cambiamenti nella composizione degli stessi, con un duplice vantaggio: da un lato gli investitori possono rivedere tempestivamente le proprie decisioni; dall'altro gli operatori che vendono il prodotto, operando in assoluta trasparenza, si pongono al riparo da eventuali critiche sulla discrezionalità delle scelte effettuate.

2. Rappresentatività: le classi nonché i titoli inclusi negli indici devono riflettere le opportunità di investimento disponibili. Un indice capace di rappresentare con precisione le caratteristiche dell'investimento agevola l'investitore nella scelta del profilo di rischio/rendimento desiderato, con evidenti ripercussioni positive sul rapporto fiduciario tra venditore e investitore.

3. Replicabilità: gli indici dovrebbero essere completamente replicabili con attività acquistabili direttamente sul mercato. Il confronto tra un portafoglio costruito teoricamente e un portafoglio in cui si possa effettivamente investire comporta una serie di problematiche legate alla ponderazione dei costi di gestione e alla tassazione. Tanto più il benchmark è costruito con attività realmente

disponibili, tanto più rappresenta una realistica misura di performance.

L'utilizzo del benchmark a fini di valutazione della qualità dei prodotti di investimento è corretto se si tengono presenti i punti di attenzione di seguito riportati:

• Il confronto non avviene tra due gestioni di portafoglio effettivamente alternative.

• Nel confronto diretto tra il rendimento del fondo e la variazione del benchmark, quest'ultimo rimane sempre un portafoglio virtuale, mentre il fondo sostiene i costi di gestione, di negoziazione, i costi di liquidità, i costi di distribuzione, gli effetti legati alla tassazione.

• Il periodo di analisi e confronto tra un fondo e il proprio benchmark è fondamentale. Un confronto tra diversi risultati su periodi infra annuali è praticamente privo di significato. Infatti, su periodi così limitati le differenze di rendimento dei diversi fondi possono avere una componente puramente casuale e solo sul lungo periodo tale componente diviene trascurabile mentre acquistano peso le strategie e le valutazioni di gestione.

• Il criterio del confronto col benchmark deve necessariamente essere affiancato ad altri criteri, anche e soprattutto qualitativi. Soffermare l'attenzione unicamente sulle differenze di rendimento fornisce un parametro quantitativo inadatto a valutare la qualità degli altri servizi resi dal gestore, in primo luogo la qualità dell'informazione e della consulenza nella selezione dei prodotti di investimento.

• L'incertezza sulla stima dei rendimenti attesi e l'assenza di un indicatore di rischio (o di un gruppo di indicatori, se si accetta un modello multifattoriale) universalmente accettato deve indurre ad un atteggiamento prudenziale sulla utilizzazione del benchmark come indicatore di rendimento atteso e sulla validità statistica degli esercizi di valutazione della qualità della gestione.

- Dal confronto tra la performance del portafoglio detenuto e il benchmark il risparmiatore può avere indicazioni circa la capacità di gestione dell'intermediario ma non il rendimento che ha effettivamente ottenuto. Quest'ultimo coincide con il tasso interno di rendimento (Tir) dell'investimento e dipende in modo cruciale dai flussi di versamento/prelevamento (quantità e timing) attivati nel periodo considerato, frutto di scelte del cliente, e non del gestore.

Pur condividendo la necessità di utilizzare con cautela il benchmark, soprattutto quale strumento di valutazione della performance, non sembra accettabile l'impostazione di chi vorrebbe eliminare del tutto l'obbligo di indicazione del parametro oggettivo di riferimento. Da tempo Assogestioni e Consob hanno avviato una riflessione congiunta per la riforma del benchmark, proprio sulla base di pressioni da parte dei gestori. In particolare, accuse vengono mosse alla scarsa conoscenza e alla non corretta interpretazione del benchmark da parte degli investitori, che vedrebbero il parametro come livello minimo di rendimento da raggiungere. Dal fronte opposto, in primo luogo da parte della stampa specializzata, si obietta che dovrebbero essere proprio gli intermediari, nell'ambito della loro funzione di consulenza, a migliorare la cultura finanziaria dei propri clienti.

Quanto all'imbattibilità del benchmark (meno del 20% dei gestori ha superato, in termini di rendimento, il parametro, negli ultimi anni), è certamente vero che sui fondi gravano oneri che gli indici, in quanto portafogli virtuali, non sopportano, ma occorre tener presenti anche alcuni elementi che, al contrario, favoriscono, nel confronto, gli OICR:

130

- I benchmark adottati per i fondi azionari non tengono conto del reinvestimento dei dividendi, di cui, invece, i portafogli gestiti beneficiano.

- La presenza di indici del mercato monetario nel parametro (con percentuali anche del 10 - 15% per i fondi azionari) ne abbassa il rendimento di lungo periodo (il fenomeno, c.d. "annacquamento del benchmark" pur essendo legato a effettive esigenze di liquidità dei portafogli gestiti, apparea molti eccessivo nella sua entità).

- In realtà la minore performance dei fondi rispetto al benchmark appare legata soprattutto al livello delle commissioni di gestione, spesso troppo elevato in rapporto al valore aggiunto e ai servizi offerti dal gestore.

La qualità di gestione non è misurata esclusivamente dalla capacità di offrire un extra-rendimento rispetto al benchmark, ma anche da quella di sceglierlo. Nelle proprie "Linee guida per la definizione di un parametro oggettivo di riferimento", dettate allo scopo di stabilire criteri uniformi di scelta ed impiego dei benchmark da parte dei gestori, Assogestioni ribadisce, innanzitutto, che "il parametro oggettivo di riferimento deve essere un indice o una composizione di indici di mercato calcolati da soggetti terzi rispetto alla società di gestione promotrice del fondo"; inoltre "qualora il parametro si componga di indici di asset class differenti, la composizione dei pesi deve essere congruente con i limiti di categoria di appartenenza del fondo. Per ogni parametro oggettivo composto da due o più indici di mercato, il periodo di ribilanciamento dei pesi delle singole componenti del parametro è stabilito dalla società di gestione e non può eccedere i 3 mesi.
La periodicità del ribilanciamento deve essere esplicitata nel prospetto" e "il sistema più adeguato è ritenuto quello a proporzioni costanti, secondo il quale i pesi degli indici che compongono il parametro di riferimento vengono periodicamente bibilanciati al fine di mantenere costante la proporzione di ogni componente a inizio periodo."

In caso di cessazione del calcolo o della pubblicazione di uno o più indici indicati nel parametro oggettivo di riferimento la società di gestione potrà fare automaticamente riferimento a un parametro sostitutivo (che Assogestioni ha definito per ogni categoria del sistema di classificazione) per il periodo occorrente per la modifica del prospetto ai sensi della normativa vigente.

La costruzione degli indici e la diffusione dei dati relativi al loro andamento vengono effettuate da società (gli index provider) generalmente appartenenti a gruppi finanziari o a società di gestione di mercati regolamentati, o ancora a gruppi editoriali (Reuters, Bloomberg), sulla base di metodologie indipendenti che, tuttavia, presentano tratti comuni.

Dalle recenti indagini Assogestioni, oltre l'80% del patrimonio dei fondi italiani armonizzati e riservati è gestito con riferimento agli indici di quattro index provider: J.P. Morgan, MSCI, MTS SPA e Merrill Lynch; per i fondi azionari risulta ancora più evidente l'elevato grado di concentrazione: oltre il 62% del loro patrimonio è gestito in riferimento agli indici del provider MSCI; nel comparto obbligazionario, invece, il mercato appare più diversificato: nonostante la prevalenza degli indici J.P. Morgan, diversi provider (MTS SPA., Merrill Lynch, Il Sole 24 Ore-Unicredito, Salomon Smith Barney) concorrono a definire i benchmark.

Schematicamente, il processo di costruzione di un indice azionario si articola in cinque passi fondamentali:

1. Definizione dell'insieme dei titoli quotati all'interno del mercato.
2. Suddivisione dei medesimi rispetto all'industria di appartenenza e scelta dei titoli rappresentativi di ogni settore.
3. Selezione dei titoli con buona liquidità e buon flottante.
4. Esclusione delle partecipazioni incrociate e delle holding.
5. Ponderazione dei titoli in base ai valori di flottante o di capitalizzazione.

L'iter appena visto può essere riferito sia a un singolo Paese, sia a un'area più vasta, con caratteri comuni dal punto di vista economico e finanziario (o all'intera economia mondiale, come per l'MSCI World). Sebbene, infatti, sia possibile costruire un indice "globale" mediante aggregazione di "sub-indici" locali, si preferisce la costruzione diretta (nonostante l'inconveniente rappresentato dai maggiori costi di implementazione), privilegiando la dimensione "settore" rispetto a quella "Paese".

Un indice obbligazionario opportunamente realizzato deve considerare, accanto agli aspetti esaminati per gli azionari, anche altre caratteristiche:

- La valuta di emissione.

- L'emittente, cui è associato il rischio relativo al grado di fiducia e affidabilità che il mercato gli attribuisce.

- La durata finanziaria (duration), cui sono legati il rischio relativo all'immobilizzo di liquidità e l'esposizione alla volatilità conseguente alle variazioni dei tassi di mercato.

I costi dei fondi comuni d'investimento

Quello dei costi sostenuti dal risparmiatore che sottoscrive un fondo comune è un tema strettamente connesso alla valutazione della performance, che di tali costi deve, ovviamente, tenere conto. Accanto agli oneri posti direttamente a carico dei partecipanti (le cosiddette commissioni attive, legate all'attività di commercializzazione delle quote), e alle provvigioni di gestione (rappresentate dalle commissioni di incentivazione e di gestione, prelevate dal patrimonio del fondo), a carico di un fondo comune d'investimento (e, quindi, indirettamente, del risparmiatore), sono poste le spese elencate dal provvedimento 1 luglio 1998 della Banca d'Italia:

- Il compenso da riconoscere alla banca depositaria.
- Gli oneri di intermediazione inerenti la compravendita dei valori mobiliari.
- Gli oneri connessi all'eventuale quotazione dei certificati rappresentativi delle quote.
- Le spese di pubblicazione del valore unitario delle quote e dei documenti di informativa periodica.
- Le spese di revisione e di certificazione dei rendiconti dei fondi.
- Gli oneri fiscali di pertinenza del fondo.
- Le spese legali e giudiziarie sostenute nell'esclusivo interesse del fondo.
- Il contributo di vigilanza dovuto alla Consob .

Il rapporto percentuale tra il totale degli oneri a carico del fondo e il patrimonio medio dello stesso nel corso di ciascun anno solare definisce il Total expense ratio (TER), di cui la recente normativa ha previsto l'indicazione obbligatoria nel prospetto informativo.

Le commissioni

Le commissioni possono essere classificate secondo le seguenti tipologie:

1. Commissioni di sottoscrizione: rappresentano i costi di entrata nel fondo e sono normalmente commisurate all'ammontare lordo delle sottoscrizioni, con una percentuale fissa o, più spesso, decrescente all'aumentare della somma investita; l'ulteriore differenziazione per tipologia (commissione più bassa per i fondi di liquidità e via via crescente per obbligazionari, bilanciati ed azionari) trae origine dalla maggiore complessità nella gestione dei portafogli e dal maggior contenuto consulenziale di cui godrebbe l'aderente all'aumentare del livello di rischio del prodotto.

2. Commissioni di switch (poco diffuse), pagate dal sottoscrittore che intenda traslare il patrimonio (o parte di esso) investito in un fondo ad un altro fondo, gestito della medesima società.

3. Commissioni di rimborso: vengono applicate solo nei primi anni, decrescendo nel tempo fino ad annullarsi, costituendo, così, uno strumento di fidelizzazione del sottoscrittore; sono tuttavia sempre di più le società che offrono prodotti "no load", cioè senza commissioni di entrata e di uscita, ad eccezione di un diritto fisso a titolo di rimborso spese (dell'ordine di 10 o 15 euro).

4. Commissioni di gestione (o management fee): costituiscono la remunerazione del gestore, e vengono calcolate normalmente sulla base di una percentuale (annua) rapportata giornalmente al valore complessivo

netto del fondo.

5. Commissioni di incentivo: si tratta di una remunerazione aggiuntiva a favore della società di gestione, dovuta nel caso in cui il risultato periodico superi un parametro di riferimento.

Soffermandoci su quest'ultimo elemento, oggetto di accese discussioni, in linea teorica potrebbe trattarsi del più equo criterio di remunerazione, soprattutto per un gestore che si definisca attivo; senza contare che lo stimolo a "fare bene" che ne deriva si traduce in un vantaggio per i sottoscrittori. Le modalità di applicazione, tuttavia, prestano il fianco a numerose critiche, di seguito sintetizzate. In primo luogo, quando applicata in aggiunta alla

commissione di gestione, la commissione di performance finisce per esserne un duplicato, in quanto anche la prima aumenta nell'entità al crescere del rendimento del fondo: essa è, infatti, commisurata al patrimonio che, per effetto della performance, vede incrementarsi il proprio valore. Inoltre, applicare la commissione in presenza di overperformance senza prevederne il rimborso in caso contrario può far sì che sull'investitore gravino oneri maggiori rispetto a quelli sopportati da chi ha sottoscritto un prodotto con analogo rendimento di lungo periodo, ma diversamente distribuito nel tempo. Ancora: il parametro, che non necessariamente coincide con il benchmark, è accusato di essere talvolta poco significativo in relazione alla tipologia di investimento o troppo facile da battere.

Infine, le modalità di determinazione non uniformi e la scelta (affidata al gestore) del periodo di riferimento, finiscono per essere elementi di scarsa trasparenza, che vanno ad aggiungersi alla natura intrinsecamente imprevedibile di tale elemento di costo per l'investitore.

Livello e struttura delle commissioni

In linea di principio gli oneri direttamente a carico del sottoscrittore dovrebbero remunerare in via principale i servizi di distribuzione e collocamento, mentre gli oneri a carico del fondo dovrebbero rappresentare il corrispettivo della gestione vera e propria.

In realtà questa bipartizione delle forme di prelievo non riflette che in minima parte l'effettiva remunerazione dei servizi di consulenza alla vendita da una parte e management dall'altra: ragioni di ordine psicologico ed economico determinano forme di remunerazione più complesse, mediate dalla retrocessione che le società di gestione del risparmio operano a favore dei canali bancari e delle reti di vendita. Nell'Asset Management Economic Survey, condotto da McKinsey nel 2000, si stima che a livello europeo il 70% dei costi complessivi è riferibile ad attività di distribuzione, contro l'8% che remunera attività amministrative prestate da terzi e il 22% che remunera la produzione.

La differente struttura dei costi (sia tra un Paese e l'altro, sia all'interno della stessa industria nazionale) è alla base delle oggettive difficoltà incontrate nel condurre indagini (e confronti) sul pricing dei fondi, indagini che inevitabilmente risentono

dell'approccio metodologico utilizzato. È quindi ancora una volta il singolo investitore, supportato dal consulente, a dover scegliere il prodotto più conveniente in relazione al proprio profilo, con particolare riguardo all'orizzonte temporale .

Con le cautele del caso, tuttavia, si può affermare che la nostra industria sia tra le più care d'Europa; diverse indagini concordano in tal senso e i dati con i quali Assogestioni cerca di confutarle (McKinsey) sono inficiati dalla mancata inclusione delle commissioni di incentivo. Notevoli i passi in avanti fatti, negli ultimi anni, in tema di trasparenza dei costi: sebbene non ci si possa spingere fino ad una conoscenza analitica della loro struttura, i dati obbligatoriamente riportati nel prospetto (in particolare: commissioni di ingresso e/o di uscita e total expense ratio) permettono all'investitore di sapere in anticipo gli oneri che la partecipazione al fondo comporta (rispetto al TER occorre ricordare, tuttavia, che si tratta di un valore riferito al passato). Restano, però, alcuni punti la cui disciplina (e autodisciplina) appare carente. Il riferimento è, in primo luogo, alle c.d. soft commission, fenomeno consistente nella pratica da parte del broker di non trattenere tutte le commissioni di intermediazione di sua spettanza, ma di riconoscerne una parte all'intermediario (in genere una SGR) da cui ha avuto l'ordine. La retrocessione avviene sotto forma di servizi, studi e analisi di mercato, benefit di altro genere. È questo l'elemento che distingue le soft dalle c.d. hard commission, nelle quali la retrocessione è monetaria: violando il principio della best execution , queste ultime sono vietate in molti Paesi (Francia, Gran Bretagna, Stati Uniti). Trattandosi di costi di cui non è immediata la giustificazione economica, le soft commission possono nascondere conflitti di interesse o maggiori oneri per l'investitore, per cui gli organismi di regolamentazione hanno fissato pressoché ovunque dei limiti alla loro applicabilità. In Italia, il fenomeno è stato per la prima volta affrontato dal Regolamento Consob, nel quale si richiede che vengano illustrate agli investitori nel prospetto informativo le fonti di reddito o le altre utilità percepite a fronte della prestazione del servizio di gestione collettiva dalla società di gestione del risparmio o dalla SICAV, quando queste non costituiscono commissioni gestionali. Altro tema molto attuale è quello delle convenzioni in virtù delle quali la società promotrice di un fondo di fondi (o di una GPF) beneficia della retrocessione parziale delle

commissioni da parte della società di gestione dei cosiddetti prodotti (fondi o sicav) "bersaglio".
Come conseguenza, il sottoscrittore di un fondo di fondi potrebbe pagare una commissione di gestione sul prodotto terzo maggiore rispetto a quanto ottenibile sul mercato per un fondo rientrante nella stessa asset class, solo perché quello scelto garantisce una maggiore retrocessione.
È evidente come la fattispecie rientri, per estensione analogica,

nella casistica delle hard commission, e possa generare rilevanti distorsioni sia sul piano dell'efficienza gestionale sia su quello della trasparenza e dell'onerosità finale del prodotto finanziario, determinando un "permanente conflitto di interessi tra gestore e cliente investitore".

Quanto detto sul livello, da molti ritenuto eccessivo, dei costi (e, in particolare, delle commissioni) dei fondi comuni rende oltremodo interessante un tema da qualche anno oggetto di studio anche nella nostra letteratura finanziaria; tema del quale gli studiosi d'oltreoceano si occupano da alcuni decenni: il contributo dei gestori di portafogli alla performance degli stessi. Gli interrogativi, in estrema sintesi, sono i seguenti:

- Qual è il reale grado di "attivismo" dei portafogli gestiti?
- La gestione attiva può davvero contribuire in modo significativo alla performance dei fondi, giustificando, in questo modo, gli oneri che essa comporta?

La questione, pur di notevole interesse accademico, aveva, fino a un recente passato, limitati risvolti pratici: non vi era, di fatto, alcuna possibilità, per la stragrande maggioranza dei risparmiatori, di costruire portafogli che replicassero indici attraverso l'acquisto sul mercato dei titoli che li compongono; di conseguenza, anche la sola opportunità di investire risorse pur modeste diversificando tra vari titoli (e asset class) poteva sembrare (e, forse, era) una giustificazione sufficiente alle commissioni richieste dalle società di gestione. Risulta tuttavia evidente come la progressiva riduzione dei costi di transazione e l'abbassamento dei lotti minimi di negoziazione imposti nei mercati regolamentati non abbiano intaccato il successo del risparmio gestito, il che dimostra come i risparmiatori reputino l'investimento attraverso i fondi un modo efficiente ed economico per "acquistare" non solo diversificazione, ma anche e soprattutto competenze professionali in un ambiente finanziario complesso.

Il confronto obbligatorio con il benchmark nel prospetto informativo e l'evidenza che, nella maggior parte dei casi, la performance del fondo non supera quella del parametro induce però un numero crescente di investitori (soprattutto i più attenti ed informati) e studiosi a mettere in discussione le "superior abilities" dei gestori. Se a ciò si aggiunge la recente diffusione, anche in Europa, di strumenti di investimento collettivo a gestione dichiaratamente passiva (index funds, ETF) che richiedono commissioni sensibilmente inferiori a quelle di un fondo tradizionale, si comprende facilmente quanto attuale sia l'argomento in discussione, suscettibile di modificare, nei prossimi anni, la stessa struttura dell'industria del risparmio gestito.

La gestione attiva, il cui obiettivo è quello di superare, in termini di performance, i benchmark, comporta maggiori costi (per studi e ricerche; remunerazione del team di gestione; movimentazione del portafoglio) rispetto alla gestione passiva (tipica dei fondi indice), finalizzata alla replica degli indici di riferimento.

I maggiori oneri si traducono in un più elevato livello delle commissioni di gestione, e quindi in una diminuzione del rendimento netto per l'investitore.

Un primo interrogativo da porsi, a riguardo, è quello relativo all'effettivo comportamento del gestore, che potrebbe qualificarsi come "attivo" unicamente allo scopo di ottenere fees più alte, incompatibili con una gestione dichiaratamente passiva.

Anche a causa dell'assenza, altrimenti inspiegabile, di index funds nel nostro Paese (la loro comparsa è avvenuta solo negli ultimi mesi), i fondi italiani sono da tempo accusati di indicizzazione.

Nella misura in cui tali accuse trovassero conferma nella realtà, sarebbero stati violati i principi di correttezza e trasparenza, poiché i gestori avrebbero adottato uno stile diverso da quello dichiarato; inoltre la giustificazione da sempre addotta al livello delle commissioni di gestione (da più parti ritenute eccessive) si dimostrerebbe infondata. Numerosi gli studi compiuti in materia negli ultimi anni, con risultati apparentemente contraddittori.

Ratti ha sostanzialmente utilizzato la deviazione standard dei rendimenti come indicatore dell'attitudine dei gestori.

140

Poiché i rendimenti dei fondi mostrano tra loro una notevole dispersione, tale livello di eterogeneità è ritenuto indicatore di comportamento attivo.

Con riferimento alla stessa base dati ma al criterio del tracking error, Ratti confuta tale conclusione, dimostrando che percentualmente pochi fondi si allontanano in modo significativo dal comportamento del benchmark, sintomo di comportamento passivo degli stessi.

Occorre rilevare come la validità dei risultati di questo tipo di indagini possa essere inficiata dalla scarsa rappresentatività degli indici, sia connessa alle modalità di costruzione degli stessi, sia legata alla possibile scelta "di comodo" di benchmark ritenuti facili da battere da parte dei gestori. D'altra parte risulterebbe difficile condurre un'analisi "return based" data la limitata disponibilità di dati in serie storica.

Un approccio alternativo potrebbe essere rappresentato dalla verifica del tasso di correlazione tra i rendimenti dei fondi. Un recente studio basato su tale metodologia, confrontando i rendimenti giornalieri dei fondi azionari, ha evidenziato un legame molto intenso tra le prestazioni giornaliere dei vari fondi.

Probabilmente nessuna indagine sulla presunta indicizzazione di prodotti qualificati come attivi dai gestori può fregiarsi di una patente di scientificità, sia per l'inevitabile influenza sui risultati del metodo scelto (limite intrinseco nell'approccio statistico), sia perché occorre in ogni caso definire (definizione necessariamente arbitraria) un valore numerico che, relativamente all'indicatore prescelto (standard deviation, tracking error o altro), rappresenti il limite tra "attivo" e "passivo". Senza dubbio di maggior interesse, nell'ottica dell'investitore, è l'interrogativo sulle reali capacità dei money manager di creare extraperformance: solo se il gestore è in grado di trarre dalle informazioni in suo possesso elementi di previsione sull'andamento dei mercati tali da garantire al portafoglio da lui gestito una performance superiore a quella del benchmark (al netto dei maggiori costi che la gestione attiva comporta), appare sensato delegare ai cosiddetti "guru" della finanza l'amministrazione del proprio patrimonio mobiliare.

La letteratura in materia ha come punto di riferimento gli studi di Eugene Fama, che hanno evidenziato come il tentativo di sfruttare le informazioni alla ricerca di "miss-pricing" sia essenzialmente un tentativo vano. I mercati finanziari, almeno quelli più evoluti, sono sostanzialmente efficienti nel senso che "prezzano" i vari titoli presenti sul mercato in modo da riflettere tutte le informazioni disponibili.

Una versione meno "integralista" della teoria, riconducibile a Jensen, sostiene che, anche qualora vi fossero "nicchie" (aree di inefficienza) nel mercato, la gestione attiva sarebbe comunque incapace di superare, in termini di performance, il mercato, a causa dei costi di transazione.

Diverse ricerche empiriche sembrano confermare tali affermazioni, le cui principali implicazioni sono:

- La netta prevalenza dell'asset allocation strategica quale fattore determinante della performance di lungo periodo dei portafogli.
- La superiorità della gestione passiva su quella attiva, legata ai maggiori costi di quest'ultima.

Un celeberrimo studio su un campione di 91 fondi pensione statunitensi con riferimento al periodo 1974-1983 dimostrò come oltre il 90% della variabilità dei rendimenti dei portafogli in esame fosse riconducibile all'asset allocation strategica.

Più di recente, Ibbotson e Kaplan, applicando la performance attribution a un campione di 94 fondi bilanciati statunitensi nel periodo 1988-1998 e 58 fondi pensione statunitensi nel periodo 1993-1997, ottengono risultati simili.

In termini di livello dei rendimenti, il rapporto tra quelli del benchmark e quelli effettivi è pari in media al 104% per i fondi bilanciati e al 99% per i fondi pensione. Inoltre l'81,4% della variabilità dei rendimenti effettivi per i fondi bilanciati e l'88% per i fondi pensione sono determinate dai corrispondenti valori del benchmark. Mentre Jensen fornisce evidenze empiriche a sostegno della tesi secondo cui i gestori non dispongono di informazioni riservate che consentano loro di ottenere extraperformance, Ippolito dimostra la capacità dei fondi di battere il benchmark, ma non al netto dei costi di transazione e delle management fees.

Risultati del tutto analoghi a questi ultimi sono ottenuti da Cesari e Panetta. Da sottolineare come a deporre ulteriormente contro le presunte "superior skills" dei money manager vi siano la possibile scelta di benchmark inefficienti con cui confrontare i portafogli e il fenomeno noto come "survivorship bias": i fondi con le peggiori performance, abbandonati dagli investitori, scompaiono (vengono liquidati o incorporati) e, inevitabilmente, dei loro risultati negativi non si può tenere conto ai fini statistici in riferimento ai fondi azionari italiani.

Ulteriore aspetto da considerare è la (scarsa) persistenza dei risultati: non solo gli studi citati e altri dal taglio ancora più empirico dimostrano come nella maggior parte dei casi i fondi gestiti attivamente abbiano rendimenti inferiori rispetto al benchmark e agli index funds ma, anche una volta individuati i

(pochi) gestori che "battono" il mercato, tale evidenza sarebbe di scarsa utilità, dal momento che "i rendimenti passati non sono indicativi di quelli futuri" e alla luce del fatto che, con sempre maggiore frequenza, i "money manager" si trasferiscono da una Sgr all'altra. Non ci si nasconde che quanto appena detto trova pieno riscontro nella realtà soprattutto nei mercati più efficienti, vicini al modello ideale del CAPM. Negli altri casi vi sono concrete possibilità per il gestore attivo di sfruttare a proprio vantaggio le inefficienze del mercato e la disponibilità di informazioni riservate.

È innegabile che la situazione dei singoli Paesi europei è ben diversa da quella statunitense: i limiti normativi alla concentrazione dei rischi e l'elevato peso percentuale di determinati titoli nella composizione degli indici rendono di fatto non replicabili alcuni di essi. Ma la situazione sta rapidamente evolvendo, grazie alla costruzione di nuovi indici; all'integrazione, su scala europea, dei mercati; ai limiti meno stringenti previsti dalle recenti modifiche alla direttiva n. 611/85. Altro aspetto, che qui può essere solo accennato, è quello della maggiore rischiosità dei mercati (in particolare azionari) indotta dalla diffusione su vasta scala dell'indicizzazione (discorso ancora più valido per gli ETF, trattati in continua): investire in indici invece che in titoli comporta un allontanamento dai fondamentali economici; il prezzo dei titoli tenderà ad essere determinato dall'andamento dell'indice (e non viceversa) e dal loro peso al suo interno (fenomeno che, oltretutto, si autoalimenta). Quanto sopra non riduce la portata delle novità che la gestione indicizzata appare in grado di introdurre nel mondo del risparmio gestito, anche in termini di razionalizzazione e trasparenza della struttura dei costi: i gestori attivi dovranno ridurre, in particolar modo, gli oneri legati alla distribuzione e creare un nesso più diretto tra commissioni e qualità del servizio.

L'investitore insoddisfatto del rapporto costi/benefici offerto dagli intermediari tradizionali (banche, reti di vendita) avrà a disposizione la concreta alternativa di diversificare autonomamente il proprio patrimonio mobiliare o di rivolgersi a consulenti finanziari indipendenti (professione che potrebbe rapidamente affermarsi in Europa, come già avvenuto negli Stati Uniti).

Non sarà più sufficiente che il gestore si autodefinisca "attivo" per giustificare commissioni più elevate rispetto a quelle previste per i nuovi prodotti a basso costo, ma occorrerà creare valore aggiunto,

e fare in modo che il cliente percepisca una maggiore qualità del servizio. In quest'ottica troverebbero piena giustificazione commissioni di overperformance (ora oggetto di accese discussioni) con aliquote anche più elevate di quelle attuali, che vadano però a integrare management fees simili a quelle previste per le gestioni passive con analoga struttura del portafoglio; il meccanismo di applicazione dovrebbe inoltre tener conto anche dell'eventuale underperformance.

La stessa logica porterebbe a legittimare le commissioni che una GPF o un fondo di fondi comportano, in aggiunta rispetto a quelle dei fondi "bersaglio", purché questi ultimi siano prodotti passivi a basso costo e a condizione che sia dimostrato che l'investitore fruisce di servizi (e valore) aggiuntivi rispetto a quello incorporato nelle quote in cui il patrimonio viene investito.

I prodotti indicizzati: gli index funds

Di recente diffusione in Europa, ma noti agli investitori statunitensi sin dal 1976, i fondi indicizzati richiedono una gestione pressoché totalmente passiva, poiché la composizione del loro portafoglio è ancorata a quella dell'indice del mercato di riferimento.
È per questo che non necessitano di una metodologia di gestione particolarmente complessa né da implementare né da seguire.
Si tratta in sostanza di "costruire" un paniere di titoli che si avvicini il più fedelmente possibile per composizione percentuale alla struttura del mercato scelto, operando poi periodicamente un ribilanciamento dei pesi all'interno del portafoglio, deciso a seguito di variazioni intercorse nel benchmark o a causa di consistenti movimenti di prezzo di un singolo titolo che finiscono per modificare il suo peso all'interno del portafoglio.
Il turnover di portafoglio è dunque contenuto: per i dieci più grandi fondi passivi americani si aggira mediamente intorno all'11% annuo (mentre per i fondi comuni gestiti attivamente un turnover del 30% è considerato basso) e ciò consente di caricare il fondo di bassi costi di transazione. Se a ciò si aggiunge che il team di gestione è ridotto all'indispensabile, come i processi di ricerca e analisi, si spiega agevolmente come la quasi totalità di questi fondi non preveda commissioni di ingresso e uscita e il livello medio delle management fees si attesti allo 0,25%.
L'intento del gestore di un index fund è quello di costruire un portafoglio che riproduca il benchmark il più fedelmente possibile con l'obiettivo di conseguire una performance in linea con quella del parametro scelto come riferimento, minimizzando, dunque, il tracking error. Vista la difficoltà e onerosità di costruire un portafoglio composto con gli stessi titoli e pesi del benchmark e seguirne i ribilanciamenti, ci si avvale di varie tecniche quantitative. Se gli indici hanno una concentrazione sufficientemente elevata e i titoli sono poco

correlati tra loro, la "replica" consiste semplicemente nel prendere i titoli dell'indice più "pesanti", in base alla loro capitalizzazione (o flottante).

Con il "beta matching", basato sul CAPM, invece, si implementa una procedura di ottimizzazione lineare che permette di determinare i titoli adatti alla replica e ne determina automaticamente i pesi partendo dal coefficiente b degli stessi. L'ortogonalizzazione consiste nella selezione dei titoli che

spiegano la maggior parte della varianza dell'indice ma che siano poco correlati tra loro. La gestione della liquidità (sia quella riveniente da nuove sottoscrizioni, sia quella necessaria a far fronte ai disinvestimenti) viene ottimizzata acquistando futures (quello che ha come sottostante il benchmark del fondo o una combinazione con simili caratteristiche).

La possibilità di ricorrere alternativamente (o in combinazione tra loro) a queste e altre tecniche rende spesso diversi tra loro (in termini di performance e tracking error) fondi che hanno in comune appellativi come "passivo" o "indicizzato".

Da non trascurare il grado di efficienza dei mercati: elevata frequenza dei ribilanciamenti nel benchmark, alti costi di transazione, dimensione dei lotti minimi di negoziazione, scarsa liquidità di alcuni titoli o derivati possono oltremodo complicare (e rendere onerosa) la gestione degli index funds, giustificando commissioni di gestione molto superiori a quelle normalmente richieste (è quanto spesso avviene per gli indici settoriali o relativi ad alcune aree geografiche).